我国中型商业银行综合经营研究

曾林峰　著

中国金融出版社

责任编辑：曹亚豪
责任校对：孙　蕊
责任印制：赵燕红

图书在版编目（CIP）数据

我国中型商业银行综合经营研究/曾林峰著．—北京：中国金融出版社，
2018.12
ISBN 978 – 7 – 5049 – 9900 – 9

Ⅰ.①我…　Ⅱ.①曾…　Ⅲ.①商业银行—经营管理—研究—中国
Ⅳ.①F832.33

中国版本图书馆 CIP 数据核字（2018）第 283532 号

我国中型商业银行综合经营研究
Woguo Zhongxing Shangye Yinhang Zonghe Jingying Yanjiu
出版
发行　　**中国金融出版社**

社址　　北京市丰台区益泽路 2 号
市场开发部　（010）63266347，63805472，63439533（传真）
网 上 书 店　http://www.chinafph.com
　　　　　　（010）63286832，63365686（传真）
读者服务部　（010）66070833，62568380
邮编　　100071
经销　　新华书店
印刷　　保利达印务有限公司
尺寸　　169 毫米 ×239 毫米
印张　　13
字数　　208 千
版次　　2018 年 12 月第 1 版
印次　　2018 年 12 月第 1 次印刷
定价　　39.00 元
ISBN 978 – 7 – 5049 – 9900 – 9
如出现印装错误本社负责调换　联系电话(010)63263947

前　言

　　从诞生到 20 世纪前半叶，商业银行虽然受到了几次经济危机的冲击，但总体竞争环境还比较宽松，有着稳定的收入来源和客户基础。但近年来，随着金融工具的丰富和非银行金融机构的兴起，企业直接融资的比例逐步提升，商业银行与证券、保险、信托等其他金融中介之间的竞争不断加剧。在这一背景下，商业银行为了谋求更好的发展，不得不开始扩大业务范围、拓展经营区域、拓宽收入来源，而推进综合经营就成了商业银行转型升级的一个非常重要的选择。欧美等发达国家的银行业目前开展的都是综合经营，业务品种十分丰富，产品数量众多，基本上都是"金融百货公司"，业务领域包含证券、保险、共同基金、咨询、信托等。据侯志茹等（2017）的统计，国际主要大银行的表外业务非常发达，摩根大通 2015 年表外业务规模是其表内资产的 7.73 倍[①]。目前国内商业银行还是以传统的存贷汇业务为主，息差收入是其最主要的收入来源，与国际银行相比还有一定差距。美国银行业 2015 年利息收入占 65.23%、非息收入约占 34.77%，而中国银行业分别为 79.5% 和 20.5%[②]。我国商业银行不但非息收入占比相对偏低，同时收入结构也不够合理，手续费和佣金收入构成了非息收入的主体，而欧美银行由于综合化经营，具有投资业务、保险收入、交易账户盈利等其他很多非息收入来源，并不十分依赖手续费和佣金收入。

　　从历史发展趋势上看，无论是国际还是国内，商业银行的综合经营和分业经营都曾经出现过。各个国家往往会结合自身的经济发展水平、法律、政治、市场竞争等因素，对银行的经营范围做出规定，并随着经济的发展做出相应的制度调整。以美国为例，就经历了综合经营—分业经营—综合经营的变化，这体现出不同时期市场需求、竞争环境、政府政策以及监管要求的变化。我国银行业在中华人民共和国成立以后先后经历了几个发展阶段：中华

---

　　①　侯志茹，陈俊杰，王子良. 国外商业银行表外业务风险管理的经验 [J]. 银行家，2017 (1)：86.

　　②　张衢. 银行与未来——商业银行特征、转型与发展趋势 [M]. 北京：中国金融出版社，2017：92.

人民共和国成立后，我国银行体系是人民银行"大一统"的格局，人民银行既从事商业银行的存贷汇业务，也承担中央银行职责；改革开放后，银行业进入专业银行阶段，当时金融改革的重点在于构建规范的双层银行体制，重点推行了央行和商业银行的分立，代表性动作是工商银行从人民银行分离出来①；20 世纪 80 年代中期以后，银行业进入扩大发展阶段，全国性股份制银行纷纷建立，银行间的竞争开始加剧。在直接融资方面，沪深证券交易所和银行间债券市场迅速崛起。这一时期，很多商业银行通过参股控股证券公司、信托公司等形式进入证券业务和信托业务，导致大量信贷资金进入股票市场、外汇市场、期货市场，最终中央采取措施，整治"乱设金融机构、乱拆借、乱办金融业务"等行为，确立了分业经营、分业管理的体制②；21 世纪以来，我国银行业进入稳步发展阶段，银行业资产质量、经营效益不断提升，大型国有商业银行成功股改上市，焕发出新的生机与活力。在股票市场，我国分别于 2004 年、2012 年设立了中小板和创业板，2013 年新三板扩容，多层次资本市场格局建立。随着债券市场、股票市场的发展，直接融资额大幅增加，在全社会融资规模中的占比稳中有升。③ 与此同时，我国国有银行综合化发展的程度不断深化，广泛布局证券、保险、信托等多个业务领域。除了中信集团、光大集团和平安集团三个较为典型的金融控股集团外，工行、农行、中行、建行、交行等国有银行获得了多个业务领域的经营牌照，全面综合化地开展业务。

我国中小商业银行的发展主要是在改革开放以后，伴随着国家经济实力的逐步壮大和改革的深化，中小商业银行顺应了广大企业和个人客户的金融需求，成为我国金融体系中富有活力、潜力巨大的一支重要力量。到 2016 年底，据原银监会统计，我国银行业金融机构共有法人机构 4399 家④。除了 5 家国有银行、3 家政策性银行外，还有大量的股份制商业银行、城市商业银行、农村商业银行和农村信用社等中小金融机构。如果效仿国外按照银行资产规模进行划分，根据《金融业企业划型标准规定》（银发〔2015〕309 号）的划型标准，资产总额在 5000 亿元至 4 万亿元之间的银行业存款

---

① 周小川. 中国银行业改革迈上新台阶 [J]. 国际金融报，2004 – 11 – 08 (2).

② 陆磊. 金融机构改革的道路抉择 [M]. 北京：中国金融出版社，2018：283.

③ 李国庆. 中国金融脱媒化的经济影响与对策研究 [D]. 武汉：武汉大学，2015：111 – 114.

④ 中国银行业监督管理委员会宣传部. 中国银行业监督管理委员会 2016 年报 [M]. 北京：中国金融出版社，2017：27.

类金融机构被归类为中型企业，即中型商业银行。在这一群体中主要有股份制商业银行，一些规模较大的城市商业银行、农村商业银行。资产规模在5000 亿元以下的商业银行，一般被称为小型银行和微型银行。对体量过小的银行来讲，其目前主要的发展方向还是尽快建立现代化企业制度，加大传统银行业务的流程优化和产品创新，而其综合经营的条件还不具备，因此不是本文讨论的重点。本文主要研究的是 5000 亿元以上资产规模的中型商业银行综合化经营问题。

中型商业银行受资产规模、经营意识、管理能力、内控水平和人力资源等因素影响，在新的竞争环境中需要重新确立发展模式、明确发展方向。由于金融科技的发展，渠道扩张的效果正在弱化，中型商业银行原有的人缘地缘优势正在减弱，监管政策也不支持城市商业银行、农村商业银行跨区域发展，通过机构扩张获取规模效应的发展策略已经不能简单复制，因此在专注传统银行服务这一主业的同时，有选择地推进综合化发展开始成为一些中型商业银行关注的重要领域。本文通过分析国际、国内银行业综合化发展历程、监管政策的变化以及中型商业银行自身的特点，探讨中型商业银行综合经营的发展战略、风险管理和实施路径，为我国中型商业银行综合化发展提供策略和路径建议。

目　　录

第一章　商业银行综合经营的理论分析······················· 1

第一节　商业银行综合经营的基本概念····················· 1

一、综合经营的基本内涵····························· 1

二、综合经营与分业经营的利弊······················· 4

三、银行经营管理理论与综合经营····················· 7

四、银行综合经营的分类····························· 8

第二节　商业银行综合经营的理论基础···················· 10

一、规模经济····································· 10

二、范围经济····································· 11

三、交易费用理论································· 13

四、资产组合理论································· 14

五、协同效应理论································· 15

第三节　商业银行综合经营研究现状····················· 16

一、商业银行综合经营的利弊研究··················· 16

二、商业银行综合经营的实证研究··················· 18

三、商业银行综合经营的风险研究··················· 20

四、商业银行综合经营的监管研究··················· 22

第二章　商业银行综合经营的国际经验····················· 26

第一节　美国商业银行综合经营模式分析·················· 26

一、美国大萧条时期以前的银行体系················· 26

二、大萧条时期的美国银行业和后期处理··············· 29

三、《金融服务现代化法》的出台及影响··············· 31

四、2008年国际金融危机前后的银行经营··············· 36

第二节　英国商业银行综合经营模式分析·················· 38

一、早期英国金融业的发展······················· 38

二、金融大爆炸································· 41

三、国际金融危机后英国银行业的改革 …………………… 45

第三节 德国商业银行综合经营模式分析 …………………… 47

一、德国银行业发展历程 …………………………………… 47

二、德国金融体系 …………………………………………… 49

三、德国银行业综合经营实践 ……………………………… 52

第四节 国际中型商业银行的发展 …………………………… 55

一、行业集中度分析 ………………………………………… 56

二、银行业务的发展特色 …………………………………… 57

三、结论与启示 ……………………………………………… 62

第五节 国际银行综合经营的启示 …………………………… 63

一、银行开展综合经营是时代发展的大势所趋 …………… 63

二、银行开展综合经营可以有效分散风险 ………………… 64

三、协同效应的发挥是综合经营促进银行绩效提升的关键 … 64

四、综合经营与经济发展水平和监管政策选择密切相关 … 66

第三章 我国商业银行综合经营分析 ………………………… 68

第一节 我国银行业发展历程简要回顾 ……………………… 68

一、我国银行体系的建立与完善 …………………………… 68

二、我国银行分业经营模式的确立 ………………………… 68

三、分业经营的法律和监管制度 …………………………… 70

第二节 我国商业银行综合经营的趋势 ……………………… 72

一、监管政策的调整 ………………………………………… 72

二、金融强监管后的政策趋势变化 ………………………… 78

三、商业银行的综合化发展 ………………………………… 81

四、主要金融牌照的发放情况 ……………………………… 86

第三节 我国金融控股集团发展概况 ………………………… 87

一、银行系金融控股集团 …………………………………… 88

二、非银行系金融控股集团 ………………………………… 90

三、产业型金融控股集团 …………………………………… 93

四、互联网企业主导的金融控股集团 ……………………… 96

五、地方政府主导的金融控股集团 ………………………… 97

第四节 我国商业银行综合经营面临的问题 ………………… 98

一、综合经营的程度还不深 ………………………………… 98

二、金融综合经营的法律法规尚不健全 …………………… 99

三、部分银行股东不规范经营的情况突出 ………………… 99

四、风险防范机制不健全 …………………………………… 100

五、偏离主营业务 …………………………………………… 101

第四章 商业银行综合经营风险管理及监管研究 …………… 102

第一节 商业银行综合经营的风险 …………………………… 102

一、信用风险 ………………………………………………… 102

二、关联交易引发的风险 …………………………………… 103

三、外部监管不足的风险 …………………………………… 104

四、委托代理关系导致的风险 ……………………………… 104

五、资本金不足的风险 ……………………………………… 104

第二节 商业银行综合经营的风险管理 ……………………… 105

一、建立和完善防火墙制度 ………………………………… 105

二、做好资本充足率风险控制 ……………………………… 106

三、加强机构准入与退出风险控制 ………………………… 107

第三节 我国金融监管体系现状及变革 ……………………… 108

一、当前分业监管体系的一些弊端 ………………………… 109

二、当前主要监管模式 ……………………………………… 110

三、当前我国监管体制的变革 ……………………………… 113

第五章 我国中型商业银行综合化发展之路 ………………… 115

第一节 我国中型商业银行的经营环境分析 ………………… 115

一、我国中型商业银行基本情况 …………………………… 116

二、我国中型商业银行面临的竞争环境 …………………… 118

三、我国中型商业银行经营发展中遇到的瓶颈和问题 …… 121

第二节 我国中型商业银行综合经营探索 …………………… 126

一、中型商业银行综合经营总体状况 ……………………… 126

二、中型商业银行实施综合经营的具体实践 ……………… 128

第三节 业务创新中综合经营的发展机会 …………………… 131

一、投贷联动 ………………………………………………… 131

二、资产证券化 ……………………………………………… 134

三、市场化债转股 …………………………………………… 137

四、商业银行的投行业务 …………………………………… 138

第六章 我国中型商业银行综合经营实证研究 ……………… 140

第一节 商业银行经营绩效评价方法 ………………………… 140

一、常见的商业银行绩效评价方法 ………………………… 140

二、基于平衡计分卡的银行绩效评价指标体系 ………… 142

三、确立银行绩效评价关键指标分析与方法 …………… 145

第二节 我国中型商业银行综合经营绩效评价 151

一、绩效评价关键指标的确定 …………………………… 151

二、确定关键指标权重 …………………………………… 153

三、综合经营银行与非综合经营银行的绩效比较 …… 160

第三节 浦发银行的综合经营实践 ………………………… 166

一、浦发银行整体经营质效呈现快速增长态势 ……… 167

二、银行的收入结构显著优化 …………………………… 167

三、银行综合经营与地方国资改革实现同频共振 …… 168

四、把综合经营融入企业发展战略和经营实践 ……… 169

第七章 我国中型商业银行综合经营策略建议 …………… 171

第一节 我国中型商业银行综合经营的动因与困局 …… 171

一、我国中型商业银行综合经营的动因分析 ………… 172

二、我国中型商业银行综合经营面临的困境 ………… 175

第二节 我国中型商业银行综合经营的基本原则 ……… 177

一、战略清晰原则 ………………………………………… 177

二、强化主业原则 ………………………………………… 178

三、渐进发展原则 ………………………………………… 178

四、风险对冲原则 ………………………………………… 179

五、科技引领原则 ………………………………………… 179

六、合规运行原则 ………………………………………… 180

第三节 我国中型商业银行综合经营的路径选择 ……… 180

一、全面发展、银行主导,打造银控集团 …………… 181

二、借力发展、强强联合,融入地方金控 …………… 182

三、创新发展、积极有为,构建特色银行 …………… 183

四、渐进发展、步步为营,稳推综合经营 …………… 184

参考文献 …………………………………………………………… 186

后 记 …………………………………………………………… 196

第一章 商业银行综合经营的理论分析

第一节 商业银行综合经营的基本概念

一、综合经营的基本内涵

20 世纪末期，全球一体化和金融自由化趋势形成，全球资本加速流动，金融资产规模不断扩大，金融工具日益丰富，金融业的格局发生了很大变化，呈现出两大发展趋势：一是金融创新不断发展，商业银行的业务品种不断丰富，综合化程度加深，综合经营逐步取代分业经营，成为行业发展趋势；二是金融监管环境不断宽松，原有的金融管制逐步取消，很多国家开始推行金融自由化政策。银行原有的经营模式在金融自由化浪潮中受到了很大的挑战，直接融资的比重增加，一些发达国家直接融资占比在 70% 左右，如美国资本市场较为发达，直接融资比重超过 80%。即便受到了 2008 年国际金融危机的冲击，也没有低于 80%。我国直接融资占比在 G20 国家中属于较低水平，银行在社会融资中发挥着重要作用，但与 21 世纪初相比也有了较为明显的下降。

随着其他金融中介服务机构的介入，银行面临的竞争环境更加严峻。为了谋求更好的发展，确保成为国民经济最主要的融资机构，越来越多的银行开始扩展业务范围，开展综合经营。金融业主要由银行、证券、保险三个行业构成。当金融监管部门只允许金融机构在各自行业内经营时，就会产生分业经营，如商业银行经营商业银行业务，证券公司经营证券业务，保险公司经营保险业务；当金融机构被允许经营银行、证券、保险三项业务中的任意两种或者三种业务时，就是综合经营模式①。开展综合经营的金

---

① 黄强. 中国金融控股公司发展模式研究——基于效率和风险视角 [M]. 北京：中国金融出版社，2013：29.

融机构，往往被称为金融集团。联合论坛（1996 年由巴塞尔银行监管委员会、国际证监会组织、国际保险监督官协会组织联合设立）在 2012 版的《金融集团监管原则》中把金融集团定义为"在受监管的银行业、证券业或保险业中，实质性地从事至少两种金融业务，并对附属机构有控制力和重大影响的所有集团公司，包括金融控股公司"①。

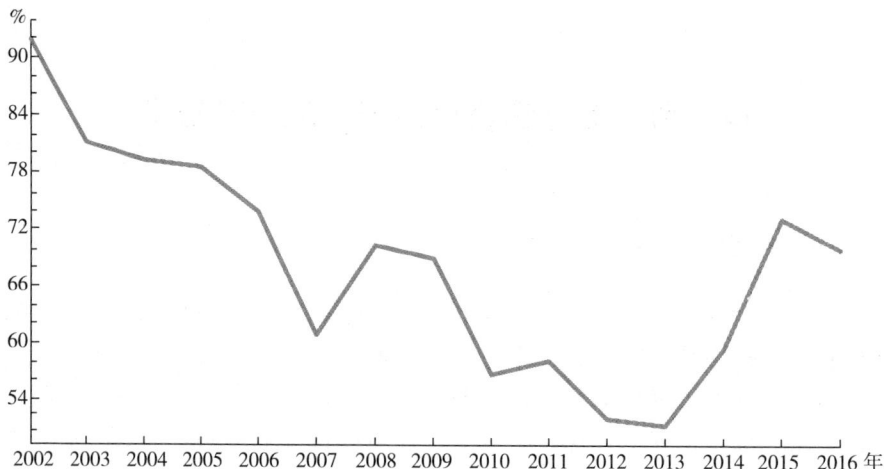

资料来源：Wind 资讯。

图 1 - 1　我国新增人民币贷款在社会融资规模中的占比变化趋势

目前，银行综合经营主要有三种形式，即金融控股公司模式、银行控股公司模式和全能银行模式。在金融控股公司模式下，母公司并不经营具体的业务，而是由银行、证券、保险、信托等独立的子公司负责经营，体现的是母公司层面的综合化、子公司层面的专业化。在银行控股公司模式下，银行本身既经营具体的银行业务，也会下设证券、保险等子公司，银行业务更为核心，在集团中的作用更大。而在全能银行模式下，银行、证券、保险等多元化业务由一家公司来完成。

金融控股公司、银行控股公司和全能银行三种综合经营模式各自具有不同的优势和劣势，也体现了银行业务在金融集团中的地位，银行业务越强势，越容易采取银行控股公司模式，甚至是全能银行模式。金融控股公司按照美国 1999 年《金融服务现代化法》的解释，是指通过子公司经营从

---

① 中国银监会政策研究局. 金融集团监管原则（2012 版）［M］. 北京：中国金融出版社，2014：8.

传统银行业务到证券、保险、投资咨询、信托等任何金融业务但并不要求从事两种金融业务的集团。当母公司为银行时，金融控股公司就成为银行控股公司。全能银行指银行作为法人，提供银行服务和非银行服务。在发达国家，普遍认为美国、日本采用的是金融控股公司模式，英国采用的是银行母公司模式，而德国一直以来都采用全能银行模式。综合经营模式的选择与一个国家的经济发展状况、监管水平、法律法规和金融业发展历史都有着密切的关系。

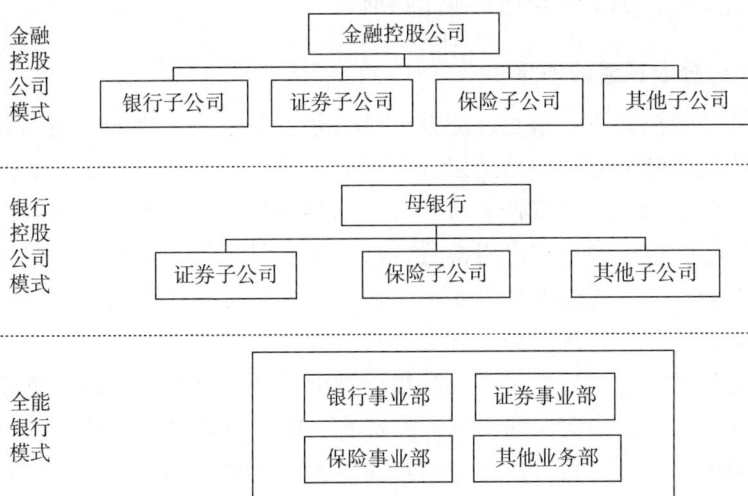

资料来源：民生证券研究院报告《金融新常态·混业经营大时代》。

图1-2 银行综合经营的三种模式

表1-1　　　　　　　　　　三种综合经营模式的优劣比较

比较内容	金融控股公司模式	银行控股公司模式	全能银行模式
规模经济和范围经济	可以实现	不能完全发挥	最大限度实现
协同效应	部分实现	部分实现	完全实现
交叉销售效果	好	较好	最好
风险控制能力	较好	较好	差
信息流通程度	较差	较差	好
监管力度	强	很强	一般
利益冲突	小	中	大
对金融服务结构是否有分开监管要求	有	有	无

续表

比较内容	金融控股公司模式	银行控股公司模式	全能银行模式
银行能否拥有工商企业股份	否	否	能
银行能够在银行集团内部提供所有金融服务和合同	否	能	能

注：改编自民生证券研究院报告《金融新常态：混业经营大时代》。

二、综合经营与分业经营的利弊

（一）分业经营的利弊

分业经营模式下，银行、证券、保险业务都由专业化的机构经营。银行为客户提供的服务和产品可以分为三类：一是负债业务产品，如储蓄存款、单位存款等；二是资产业务产品，如各种贷款、票据贴现等；三是中间业务产品，这类产品不占用银行资金，如支付结算、汇兑、担保以及各类代理业务，还有咨询评估等服务。证券业务主要可以分为四类：一是证券自营业务。证券经营机构以自有资金买卖证券从而获得利润。二是资产管理业务。受委托人的委托，为其提供理财服务，这是从传统业务发展而来的新业务。特别是在成熟市场，投资者一般会让专业人士管理自己的资产，避免因专业知识和投资经验不足而引发不必要的风险。三是投资银行业务。主要包括证券承销、项目融资、风险投资等。四是证券经纪业务。证券公司按照客户的委托和要求，代理客户进行证券买卖的业务。保险业务主要分为寿险业务和非寿险业务。人寿保险常被称为第一领域，有生存保险、死亡保险、两全保险、年金，结合投资又有分红险、投连险等；非寿险包括财产保险、意外伤害保险和健康险，其中财产保险被称为第二领域，意外伤害保险和健康险被称为第三领域。

分业经营模式的优势主要体现在：各类金融机构的专业水平能够得到提升；不会因内部利益冲突而对金融消费者造成利益损害；资本市场与货币市场之间的"防火墙"有助于国家的金融稳定；更能够促进竞争，避免金融业的过度垄断。分业经营的弊端主要有：经营成本上升，无法形成规模经济和范围经济；限制了不同业务之间的竞争，也不利于相互补充和协同发展；由于业务被限制于特定领域，容易表现出周期性波动，行业上升期可以享受到快速发展，但一旦行业进入成熟期乃至衰退期，企业面临的经营风险将会大大增加。

（二）综合经营的优势

综合经营模式下，无论是金融控股公司、银行控股公司还是全能银行都能够更加方便地整合资源，实现规模经济效应和范围经济效应；也更加能够分散风险，避免一项业务对机构产生过大的冲击；还能更加迎合客户的需要，提供综合化、一站式的金融服务；在创新领域的表现也较分业经营模式更加活跃。总结起来，"金融控股公司由于控股银行、证券公司和保险公司等金融机构的股份，业务多元化，带来六大优势：协同效应、合理避税、信誉外溢、分散风险、规模经济与范围经济"①。

协同效应简单来讲就是"1 + 1"的效果大于2。控股公司由于多方面的联合经营，会产生经营协同和财务协同。经营协同主要体现在效率和服务能力的提升，如在综合经营过程中，金融产品创新将会大大增加，可以充分利用信息优势快速开发产品，特别是涉及多个领域的交叉性产品，原有产品也可以通过组合或"包装"进行销售，给客户提供更多的便利，提升客户的体验感和满意度；而财务协同则体现在会计处理、投资等方面的优势，综合经营更加有助于提升资本效率，通过股权管理子公司，并通过各个金融服务类型的子公司实现自身的发展战略。

合理避税的优势体现在金融控股集团对不同纳税方式和税率等方面的合理选择，如果金融集团开展跨国经营，还可以利用各国税种、税率的差异以及不同的税收优惠，合理规避整体税务负担。

综合经营的集团公司产品线齐全，为客户提供全方位服务，因而更容易形成品牌优势和信誉外溢，有利于企业扩张和提升经营业绩。信誉外溢还体现在整体的信用评级等方面，可以有效提升金融集团各个子公司的信用等级，在融资时有利于获取低成本资金。

在分散风险方面，多元化的业务发展有利于规避单一市场波动造成的风险，"不把鸡蛋放在一个篮子里面"，实现不同金融服务之间的风险对冲。很多业务与利率等系统风险的关联度不高，可以有效应对利率变化对收入的冲击，有助于形成损益互补优势，一个业务领域的亏损可以由其他几个子公司的盈利来弥补，这使综合经营具有内在稳定性的特征。长期以来，利息收入都是银行最主要的收入来源，但这部分收入很容易受到经济波动

---

① 徐文彬. 金融控股公司发展与监管模式选择研究［M］. 北京：经济科学出版社，2013：49.

的影响，而非息收入主要是佣金收入，稳定性强，可以在一定程度上抵消经济波动对银行经营绩效的影响。

综合经营更加有助于金融集团形成规模经济效应和范围经济效应。综合经营可以大大降低交易成本，一般认为交易成本受交易确定性、交易频率和交易资产专用性三个因素的影响，综合经营比较好地提升了交易确定性和交易频率，进而降低了交易成本。此外，客户接受金融服务的主要动机是保值增值，除了存款外，也会对证券投资或保险产生需求，因此一站式金融服务比较容易获得客户的认可。从金融服务供给的角度看，银行、证券、保险三者之间虽然有不同的功能，但都是实现资源和风险跨越时空的转移。各个机构之间产品和服务的同质性较高，实物资产、人力资源、信息系统和金融工具具有一定的通用性，综合经营会大大降低经营成本和管理费用，带来较为明显的规模经济效应和范围经济效应。

（三）综合经营的劣势

综合经营是生产力发展的产物，体现了市场需求主体的变化，突破了传统金融服务的限制。有的学者认为综合经营的金融控股集团是介于金融市场与单体金融企业之间的一种中间状态，同时具备市场与组织的优势。在当今的经济条件下，随着金融科技的发展，金融业务的规模化要求非常高，如果再坚持分业发展，必将会人为创造过多的市场壁垒，不利于市场竞争，导致效率损失。

当然，综合经营也有其不足，需要我们加以防范和化解。

一是风险增加。综合经营可能导致某一个领域的风险迅速扩展到其他领域，特别是对公众信心冲击较大的危机事件，会直接对集团整体乃至金融业产生负面影响；同时金融控股公司通过少量资本实现大规模资金运作，势必产生高杠杆风险。

二是内部利益可能会有冲突。不同子公司或业务会有不同的利益诉求，综合经营可能会由于利益目标不一致导致内部冲突。比如企业的并购，投行部门注重交易能否达成，而融资部门则注重交易完成后企业能否更好地运营，能否有还款来源。

三是监管能力可能跟不上。金融集团掌握的信息可能大大多于单一行业的监管者，导致监管套利的产生，增加金融业总体的风险。

此外，综合经营也往往会不利于保护金融消费者权益，机构综合化发展后容易导致行业垄断。因此，我们可以看出，要想在我国真正开展金融业的综合经营，需要具备"金融主体产权清晰、自律能力强、金融法制完善和金融监管有力等一系列先决条件"①。

三、银行经营管理理论与综合经营

在商业银行的发展史上，银行经营管理理论是在不断演进的。最初商业银行业务比较单一，经营理念也相对保守，创新的积极性不高。随着经济社会的发展，商业银行的经营理念也发生了变化，综合化发展的意识越来越强。

（一）资产管理理论

资产管理理论研究的主要是如何把资产合理地分配到现金、投资、贷款和固定资产等各个方面。在发展初期，商业银行都比较遵循资产管理理论，重视资产的流动性。基于商业贷款理论，即真实票据论，银行的资金要随时应付客户提款的需要，因此银行的信贷投向只能是商业性短期流动资金贷款，高度关注资金的流动性。20 世纪初期，美国经济学家 H. G. 莫尔顿在《政治经济学杂志》上发表论文提出了可转换理论，认为银行的资金除了可用于流动资金贷款外，还可以持有国库券、商业票据等具有较强转化性的资产。后来随着预期收入理论的盛行，银行开始考虑借款人预期收入这一因素，预期收入可以被用来衡量借款人的偿还能力，银行资产开始多样化，但仍以信贷业务为主。

（二）负债管理理论

20 世纪 50 年代以后，银行对资产的流动性管理重点开始向负债端转移，负债管理理论认为除了加强资产管理和提高流动性以外，银行还可以通过主动负债的方式确保流动性充沛。当时的时代背景是美国金融市场的发展分流了银行的资金来源，银行被迫开始创新，拓展负债来源。最具代表性的创新就是可转让存单（CDs）。除存款外，银行开始通过贴现、联邦基金、再回购协议、欧洲美元、CDs 等渠道获取短期流动资金，吸引了很多客户。负债管理理论先后经历了存款理论、购买理论和销售理论占主导的三个阶段。其中，销售理论盛行于 20 世纪 80 年代，强调要围绕客户需求设计产品，不断改善产品和服务，这一理论也推动了金融机构向多元化综合化方向发展。

---

①　王鹤立. 我国金融混业经营前景研究 [J]. 金融研究，2008（9）：195.

（三）资产负债管理理论

20 世纪 80 年代以后，资产负债管理理论开始盛行。该理论认为，仅依靠资产管理或负债管理很难实现商业银行经营的三性原则，即安全性、流动性和盈利性的统一。只有通过对资产负债两方面的规模、期限、流动性等的协调匹配，才能实现银行的经营目标。在经营原则方面，强调总量平衡，资产与负债规模要相适应；强调结构对称，期限结构、利率结构要对称；强调分散原则，资金的分配要合理与分散。

（四）表外业务管理理论

当前，越来越多的银行开始跳出资产负债业务领域去寻找新的盈利源，去发展那些不影响银行资产负债表的业务。这一理论的支持者认为，传统存贷款业务只是商业银行经营的一条主线，而围绕这条主线可以开展很多金融服务。同时在主线之外，银行还可以扩展经营领域和盈利来源。该理论认为银行是金融中介机构，一切与金融服务、信息中介服务有关的领域都可进入，银行庞大的客群、营销渠道以及人才、科技优势为银行拓展业务范围创造了很好的条件，应当开展表外业务的探索。表外业务有狭义和广义之分，狭义的表外业务主要是指担保承诺和衍生品业务，在一些条件下会转化为表内业务；广义的表外业务除了包括狭义的表外业务外，还包括金融资产服务类业务，目前这部分业务的占比很高，"摩根大通、汇丰银行和富国银行均占到了约 90%，美国银行也占到了 58%，超过半数"[1]。综合经营的商业银行能够更好地发展表外业务，降低服务成本，提升客户的满意度。

四、银行综合经营的分类

商业银行综合经营主要是"指商业银行突破传统的商业银行业务范围，拓展新兴商业银行业务以及保险、基金、投行、信托等行业的相关业务，实现银行、证券、保险各行业的产品边界不断融合，最终为客户提供全方位的金融服务"[2]，主要包括内部综合化经营和外部综合化经营。内部综合化经营主要反映在产品的交叉销售，以及通过产品与服务的创新给客户提

---

① 许敏，贺磊，杨龙. 国际大型银行表外业务发展及启示 [J]. 国际金融，2016（9）：34.
② 清华大学国家金融研究院《商业银行法》修法研究课题组. 综合化经营下商业银行的业务结构研究 [J]. 清华金融评论，2016（6）：37.

供综合化服务；外部综合化经营则是银行拓展投行、保险等其他金融业务。商业银行综合化经营可分为三类。

一是与商业银行高度相关的业务，如结算、代理等业务，大部分是代理类业务，仅收取手续费，风险较低。只有部分业务涉及或有负债。

二是与银行业务比较相关的业务，如投行、信托等。总体风险较第一类业务要高，受到股票市场、债券市场或者特定事件的影响。

三是与银行业务关联度不高的业务，主要为交易或投资业务，银行需要用自有资金建立头寸，总体风险水平较前两类要高。

表1-2　　　　　　　　　商业银行综合化经营业务分类

综合化业务	商业银行服务	汇兑、结算与清算
		代理业务
		信息咨询、财务与投融资顾问
		货币市场投资
		银行卡
		担保承诺
		代客交易
		托管及其他委托
		资产管理、财富管理
	投行业务	证券经纪
		并购重组
		债券、股票承销
	信托、租赁、保险及基金业务	信托
		金融租赁
		寿险、产险及其他保险
		公募基金
		私募基金
	交易及投资类	自营债券
		自营股票
		自营金融衍生品
		直接股权投资

资料来源：清华大学国家金融研究院《商业银行法》修法研究课题组. 综合化经营下商业银行的业务结构研究 [J]. 清华金融评论，2016（6）.

从国际主要商业银行的业务发展状况看，与银行业务高度相关的清算、担保承诺业务十分普及；直接股权投资、自营债券、证券经纪等业务开展得十分广泛。从国别看，美国的主要国际银行业务开展得十分综合化，全面涉足各项金融业务；德国、法国的大银行比较侧重于交易和投资业务；日本银行业则侧重于债券承销。也有的国际银行比较保守，严格控制风险暴露，不太愿意发展高风险业务。

第二节　商业银行综合经营的理论基础

一、规模经济

马克思认为大规模生产是近代工业发展的必由之路，在此基础上"才能组织劳动的分工和结合，才能使生产资料由于大规模积聚而得到节约"。在西方传统经济理论中，规模经济指的是在一定条件下，如果生产一个单位产品的平均成本递减，那么就存在着规模经济，厂商将会继续投资，边际利润增加。相反，就是规模不经济。厂商最佳的生产状态，是其资产、管理能力等要素资源得到最为有效的利用。人们往往用规模经济函数系数（FC），即通过边际成本（MC）和平均成本（AC）的关系来描述规模经济与规模不经济。函数关系为

$$FC = AC/MC$$

如果 $FC > 1$，就体现了规模经济；如果 $FC < 1$，则为规模不经济。另一个表现规模经济的指标是成本弹性系数（r），即

$$r = \frac{\mathrm{d}C/C}{\mathrm{d}Q/Q} = \frac{\mathrm{d}C}{\mathrm{d}Q} \cdot \frac{Q}{C} = \frac{MC}{AC}$$

可以看出，成本弹性系数与规模经济函数系数互为倒数。我们也可以用一个更加直观的图形来表示这一关系，如图 1-3 所示。

从图 1-3 可以看出，当产量低于 Q_1 时，$FC > 1$，平均成本大于边际成本，随着产量的增加，平均成本减少，呈现出规模经济的效应；当产量位于 Q_1 至 Q_2 之间时，规模效益不变，产量变动不会对生产成本产生影响；而在产量高于 Q_2 以后，边际成本增大，再扩大生产导致的成本增加过快，产生了规模不经济。

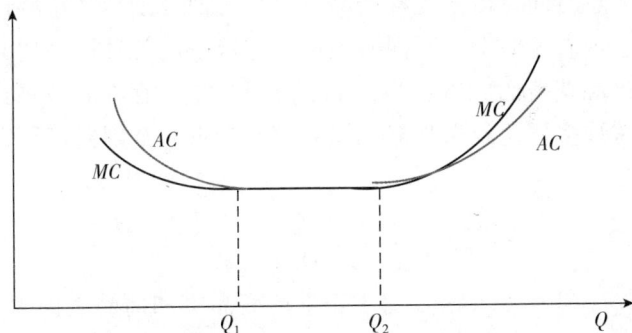

图1-3 规模经济、规模收益不变、规模不经济

规模经济可以分为不同的种类：一是产品规模经济，主要是由于专业化生产带来的经济性，通过分工提升了生产效率。二是工厂规模经济，主要是采用了更加先进的工艺、更好的设备、更加先进的生产线，企业生产更加标准化，更加节约原材料和能源，单位产品成本显著降低。三是企业规模经济，指若干生产同类产品或不同工艺环节的工厂通过水平和垂直联合组成新的企业。这不仅可以通过大批量采购带来产品成本的降低，取得"全产品生产线"的效益，还可以通过共用设施、研发、营销等支出，降低销售费用，节省专业化人员，形成技术开发的规模效应，从而使企业具有更强的竞争能力。同样，企业也有可能遇到规模不经济的情况，产生的原因可能是企业组织遇到的协调问题，企业规模越大，管理团队就变得越庞大，管理者在压低成本方面的效率就越低①。

金融业具有较为明显的规模报酬递增特点，成本曲线是一条较为平缓的曲线。对银行来讲，规模扩张，扩大机构网络，会带来平均运营成本降低，收益提高，这反映的就是规模经济效应。相对于其他行业，由于银行业经营的对象是货币这一一般等价物，因而更容易形成规模经济效应。银行规模经济的形成也受到很多因素的影响，如市场结构、银行制度、管理效率、金融创新等。一般认为竞争性的市场结构、宽松的银行制度、有效率的管理和较强的创新能力有利于规模经济的形成②。

二、范围经济

按照《西方经济学大辞典》的解释，范围经济是指在成本相同的条件

---

① ［美］曼昆著.经济学原理［M］.梁小民，梁砾译.北京：北京大学出版社，2015：291.
② 高波，于良春.中国银行业规模经济效应分析［J］.经济评论，2003（1）：125.

下，如果一个厂商同时生产几种产品比几个厂商分别生产这些产品所得到的产量更大，或者说一个厂商同时生产一定数量的几种产品比几个厂商单独生产这些产品花费的成本更小，那么此时的生产存在着范围经济。范围经济是企业采取多样化经营战略的重要理论依据。范围经济可以用以下方式计量：

$$SC = \frac{C(Q_1) + C(Q_2) - C(Q_1 + Q_2)}{C(Q_1 + Q_2)}$$

其中，$C(Q_1)$ 和 $C(Q_2)$ 分别代表生产商品 1 和商品 2 的生产成本，$C(Q_1 + Q_2)$ 代表企业在既定生产资源的情况下同时生产商品 1 和商品 2 的成本。因此当 $SC > 0$ 时，说明分别生产的成本大于联合生产，一个企业同时生产商品 1 和商品 2 的成本更低，更加划算，此时存在着范围经济；而当 $SC < 0$ 时，则存在着范围不经济。范围经济反映了企业不同业务间的协同，更加有效率地利用了本企业的资源。范围经济效应体现在销售协同（如在更大市场范围中或多业务之间分摊广告费用和形成品牌效应）、采购协同（批量采购所形成的价格、质量及对供应商的谈判方面的竞争优势）和研发协同（如研发成果在多业务上的外溢现象）上[1]。

对商业银行来讲，综合经营最能体现范围经济的特征。通过综合经营，可以实现：一是成本降低，即由综合经营的金融集团同时经营银行、保险、证券、信托的成本小于由不同金融机构单独经营的成本之和。由于金融业的"资产专用性"较低，资本、信息、渠道、企业家等要素可以在不同的行业（如银行、证券、保险）之间共用，从而合理地分摊成本。特别是近些年来，科技的研发投入大幅增加，互联网技术在金融业广泛应用，综合经营的商业银行可以降低单位研发费用和科技投入。二是增强盈利，通过交叉销售可以最大化发掘客户价值，可以帮助客户节省时间成本和搜索成本，银行业的资金优势有利于开展其他业务。三是降低经营风险，业务多元化可以有效防御外部经济因素的冲击，规避非系统性风险，避免风险集中，最大限度地减少对某一类业务的依赖，提升总体的抗风险能力。四是增强客户黏性，通过为客户提供一站式综合服务，降低客户的搜索成本，节约交易时间，进而提升客户忠诚度。

很多学者的研究已经证明，商业银行开展综合经营确实可以使人才、

---

① 徐斌. 规模经济、范围经济与企业一体化选择——基于古典经济学的解释 [J]. 云南财经大学学报，2010（2）：76.

系统、资金等得到更广泛的利用。但是也有研究发现，随着规模扩大，业务领域扩展，商业银行的风险管理成本增加，甚至超出了在风险分散过程中实现的成本节约，额外的风险显著地增加了管理费用，导致综合经营带来的规模经济效应和范围经济效应并不突出。

三、交易费用理论

很多制度经济学家都在研究经济学意义上的交易，如美国经济学家约翰·洛克斯·康芒斯（John R. Commons）把交易划分为买卖的交易、管理的交易和限额的交易。法国经济学家古诺认为交易过程中必然出现损耗，交易是有成本的。新制度经济学家罗纳德·科斯在《企业的性质》中首次提出"交易费用"的概念，他认为：市场和企业是两种不同的组织劳动分工的方式，如果企业组织劳动分工的交易费用低于市场，人们就会用企业代替市场。企业把若干个生产要素和产品的所有者组成一个单元参加交易，减少了交易者的数目和交易摩擦，降低了交易成本。

"交易费用"是指企业在寻找交易对手、订立合同和监督合同执行方面的成本，主要有搜索成本、谈判成本、签约成本与监督成本。关于交易费用的假说主要有以下几种：一是交易分工说。科斯指出企业在市场交易中有交易费用，而企业内部也存在交易费用，同时随着企业扩大而增加，直到企业内部交易费用与市场交易费用相等。制度经济学家认为交易源自分工，交易费用是分工的制度成本。二是交易合约说。交易双方在契约签订前后都要消耗时间与资源，了解对方、监督对方等都是有成本的。张五常强调，在市场中每个要素所有者都面临着三个选择：自己生产和销售产品、将全部要素出售、引入契约安排把要素委托给代理人获得收入。在第三种情形下，企业家根据委托代理中的契约来安排生产。威廉姆森（1980）将交易费用分为两类，即事前费用和事后费用。"事前费用主要指达成合同需要花费的费用，事后费用是合同签订后可能出现的费用"①。三是交易维度说。威廉姆森提出了交易的三个维度：交易频率、不确定性和资产专用性。资产专用性指的是资产可以被不同用途和不同使用者利用的程度。资产专用程度越高，事后被"敲竹杠"的可能越大，通过市场完成交易比企业自

---

① 赵婧．商业银行混业经营模式研究——基于美、英、德的模式比较［M］．北京：中国金融出版社，2016：34.

己生产的成本要高。此外，还有制度成本说和交易行为说等①。

总之，从交易费用理论看，市场和企业之间可以相互替代；企业取代市场实现交易有可能会减少交易的费用；企业把市场交易内部化的同时也会产生管理费用。当管理费用的增加与市场交易费用节省的数量相当时，企业的边界趋于平衡（不再增长扩大）。从交易费用理论出发，银行开展综合经营就是把市场交易行为内部化，可以减少银行与外部合作的费用，实现资源的优化整合。通过银行、证券、保险等业务的综合化发展，实现客户共享，可以有效降低合同签订前寻找客户的搜索成本，减少了解客户需求的相关费用，即威廉姆森所界定的事前费用。同时，也可以通过加深业务之间的整合，降低客户的违约成本，减少经营风险，这样也会使事后费用比分业经营大大降低。

四、资产组合理论

资产组合理论最初由美国经济学家哈里·马柯维茨提出，主要是针对化解投资风险的可能性，可以通俗地表述为两句话，一是"不要把鸡蛋放在一个篮子里"，二是各个"篮子"之间的相关性越低越好②。资产组合理论认为市场风险可分为个别风险和系统风险，而个别风险可以通过分散投资来化解。根据资产组合理论，投资者在投资过程中考虑的主要是预期收益和预期风险。最优的投资策略是在市场上为数众多的证券中选择若干证券结合起来，以求得单位风险水平上收益最高，或单位收益水平上风险最小。

从股票投资中可以看出，股票数量影响着投资组合的风险，投资组合的风险随着股票数量的增加而降低。但希望通过增加股票数量来消除所有风险是不可能的，降低的只是企业特有风险（Firm - specific Risk），即与某个企业相关的风险，不能消除市场风险（Market Risk），即所有上市公司都会受到影响的风险。

从图 1-4 可以看出，如果只有 1 只股票，描述风险的标准差为 49%，而当股票数量增加到 10 只时，风险已经降低到原来的一半，但增加到 20 只

① 沈满洪，张兵兵. 交易费用理论综述 [J]. 浙江大学学报（人文社会科学版），2013（3）：46-47.
② 王学军. 金融控股公司发展的理论基础及启示 [J]. 中央财经大学学报，2004（8）：20.

乃至 40 只股票时，风险会继续下降，不过降低幅度已经非常小了①。说明企业特有风险逐步消除，但市场风险依然存在。

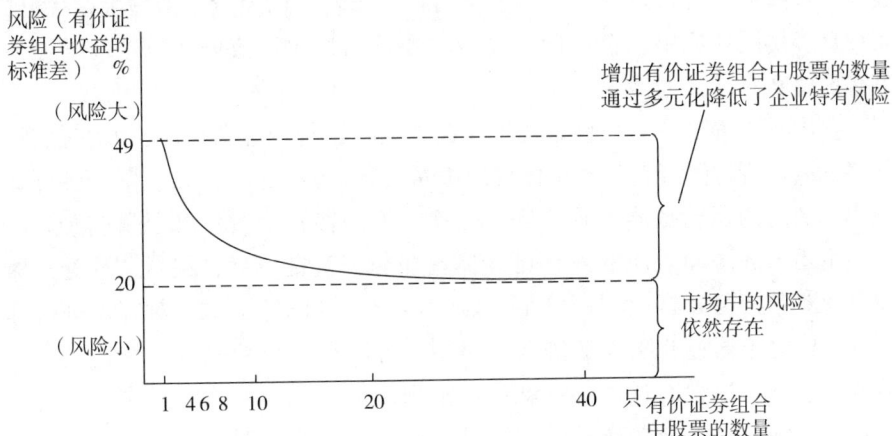

图 1-4 多元化投资可以降低企业特有风险

马柯维茨的资产组合理论虽然最初是以证券为研究对象，但也有学者将其用于揭示商业银行开展综合经营的规律。银行开展综合经营，一方面可以通过人才、设施的复用减少成本增加收益，特别是在整合银行、证券、保险等业务资源基础上的综合化创新，可以大大提升金融控股公司的收益水平；另一方面可以有效降低风险，我们可以将银行业、证券业、保险业分别视为一种证券，而它们任意两个行业之间的相关系数一定是小于 1 的，甚至有的是负相关（如银行业和证券业）。当一种业务的收益率下降时，另一种业务的收益率可能会上升，符合投资选择中的"低相关性原则"。商业银行还可以利用多种金融工具进行风险锁定，从而实现一定风险水平下收益的提升②。

五、协同效应理论

协同效应原本为一种物理化学现象，又称增效作用。协同论认为各个系统间存在着相互影响而又相互合作的关系。社会现象有时也会体现出这一逻辑，企业组织中不同单位间有着相互配合与协作关系，但有时也会相

① ［美］曼昆著.经济学原理［M］.梁小民，梁砾译.北京：北京大学出版社，2015：102-103.

② 王学军.金融控股公司发展的理论基础及启示［J］.中央财经大学学报，2004（8）：20-21.

互干扰和制约。协同效应往往体现在企业设备、人才、资金、技能、知识、社会关系等要素资源在内部实现了共享，使企业各个业务单元的经营管理成本有效降低，运行效率提升，企业品牌、知名度以及竞争能力大幅提升。而在众多协同效应中，企业创新能力的提升和整体价值创造速度的增强是最有价值和有意义的协同。

协同效应理论认为综合经营可以提高金融机构的经营效率，并在创新、营销、风险管理等经营活动中体现出协同效应（Synergy），如"降低各分支机构或部门的运营成本，提高经营效率，提高银行信誉度和品牌价值"①。金融集团内部协同效应的发挥可以体现在交叉营销方面，银行、证券、保险等业务单元可以有效利用其他领域的客户、渠道等资源，对客户进行综合开发。对于通过并购形成的金融集团，可以有效帮助原机构快速进入新的业务领域。尽管通过内部创新可以推出新的产品，但成本较高，也充满了不确定性。由于金融产品的同质性，还容易被竞争对手模仿，因此通过并购实现业务快速多元化是一个比较受欢迎的方法，容易快速产生协同效应。

第三节　商业银行综合经营研究现状

国内外学者在对商业银行综合经营的分析与研究中，主要围绕商业银行综合经营的利弊、实证、风险及监管四个方面展开。

一、商业银行综合经营的利弊研究

综合经营可以给商业银行带来规模经济效应和范围经济效应，扩大业务规模，也使金融控股集团分散了风险。威廉·邓普顿等（1992）通过引入投资组合理论和实证分析认为，综合化经营程度较高的金融控股公司的风险程度要低于只是专注于商业银行的金融机构，而且这种多元化经营并不需要企业涉足太多的领域，只要业务之间不相关，适度的综合经营就可以降低企业风险，从而促进银行业体系的稳健经营。威廉·邓普顿建议，监管者在要求银行实行存款保险制度，以及提高资本充足率的同时，也要

---

① 陈静思. 中国商业银行混业经营转型研究——以上市银行为例［D］. 上海：华东师范大学，2015：15.

考虑多元化经营对降低银行经营风险的好处①。

鲁迪·万德·威奈特（1998）分析了欧洲与美国的金融机构，认为在成本节约和盈利能力上，综合经营的机构要好于专注于单一领域的机构，越来越多的金融机构综合经营会提高总体金融体系的效率②。

王学军（2004）运用马柯维茨的资产组合理论来解释金融控股公司存在和发展的规律，认为在不同金融行业进行组合投资可以提高投资收益率。一方面，金融业"资产专用性"较低，很多人才资源、科技资源、营销资源可以共用，可以降低资金成本，提高效率；另一方面，金融控股公司的"一站式"服务降低了客户的搜索成本、信息成本、交易成本。同时，金融控股公司要注意设置科学有效的"防火墙"，起到既"兴合作之利"又"除风险传递之弊"的作用③。

综合经营可以发挥金融机构的协同效应，这也是一个被学者们普遍接受的观点。徐为山（2008）认为要想取得协同效应其实并不容易，协同机会不必然会产生竞争优势，需要机制和条件的支持。金融机构要充分意识到并利用好综合经营的五种协同机会：运营协同、客户或市场协同、财务协同、管理协同和地域协同④。

詹向阳、樊志刚等组成的课题组（2009）对国内金融机构积极推进综合化经营的动因进行了分析，认为主要的原因有：在利差收窄的趋势下，需要培育新的盈利来源；外资银行依托母公司开展综合化经营，给国内银行带来了压力；国内客户"走出去"战略催生了更加多元化的金融需求；居民财富积累过程中，部分高端客户对复合型、个性化的金融需求大幅提升；国外金融机构在次贷危机后的一些发展也给国内银行推进综合化经营提供了借鉴⑤。

张军成、徐芳（2015）同样利用资产组合理论来解释综合经营的合理

---

① William K. Templeton, Jacobus T. Severiens. The Effect of Nonbank Diversification on Bank Holding Company risk [J]. *Quarterly Journal of Business and Economics*, 1992 (4).

② Rudi Vander Vennet. Cost and profit dynamics in financial conglomerates and universal banks in Europe [J]. University of Ghent, 1998 (12).

③ 王学军. 金融控股公司发展的理论基础及启示 [J]. 中央财经大学学报, 2004 (8): 19 - 23.

④ 徐为山. 创造协同效应：国际活跃银行综合经营的经验 [J]. 国际金融研究, 2008 (5): 37 - 38.

⑤ 中国工商银行城市金融研究所课题组. 商业银行综合经营战略与路径研究 [J]. 金融论坛, 2009 (6): 36 - 41.

性和有效性，认为金融控股公司的各个子公司，如银行、保险、证券、信托等，可以被视为单项资产，金融控股公司就是这些资产构成的组合。子公司在资金、人力资源、风险等方面相互独立，这种组织结构降低了业务的相关性，分散了风险，增强了业务的互补性[①]。

哪类金融机构在综合经营中受益最为明显呢？侯翔、曾力（2016）借鉴纽约大学桑德斯和沃尔特的做法，利用国内八家上市银行的数据得出了相关的研究结论：国内商业银行综合化经营存在规模经济和范围经济；规模经济确实存在区间效应，当规模达到临界点时，规模经济效应就会达到上限；而规模适中的商业银行规模经济效应最为明显[②]。

杨红（2017）从金融创新的角度对综合经营进行了分析，认为随着金融竞争的发展，单一企业的劣势越发明显，不具有系统性的竞争力，银行的竞争在向生态圈的竞争转变。银行应当从构建生态系统的角度出发，有效整合多种金融牌照，做好客户画像和行为轨迹描述，围绕企业和个人客户的生产生活场景进行产品和服务创新，在这一过程中综合经营的银行优势明显。

张淦、高洁超、范从来（2017）则从家庭资产配置的视角分析了综合经营对银行转型的重要作用。家庭保有存款更多的是预防性动机，而随着家庭财富的增长，居民储蓄行为将更加追求高收益高回报的资产，商业银行如果固守传统存贷款业务，面临的经营压力会持续加大，因此要以金融创新为突破口，深度参与资本市场，设计出更多的优质金融产品，在顺应居民储蓄行为变化的同时实现经营转型。

二、商业银行综合经营的实证研究

关于商业银行开展证券承销业务，一些学者认为银行介入证券承销可以起到两个方面的作用。一是价值鉴证观（Value Certification View），认为银行承销商通过业务兼营能获得发行人的私有信息，有助于提高承销商价值鉴证质量；二是利益冲突观，认为商业银行承销证券缺乏独立性，容易产生与发行人的勾结，虚假评价发行人质量，从而把社会资金引入低质量

---

① 张军成，徐芳. 资产组合理论视角下金融控股公司风险管理研究 [J]. 财会通讯，2015（8）：109 – 112.

② 侯翔，曾力. 我国商业银行综合化经营的规模经济与范围经济效应 [J]. 南方金融，2016（10）：38 – 44.

公司。曼优·普瑞（1996）对比分析了美国分别由商业银行及投资机构承销证券的定价情况，发现公众更加愿意购买银行承销的证券，愿意支付更高的价格，反映出公众更加愿意相信银行不会滥用信息优势，从而伤害投资者的利益①。

Min，Hoang 和 Sul（1997）将 500 家大银行中的 195 家作为样本，利用 10 余年的数据进行分析，认为综合经营的银行平均表现水平要远高于实行分业经营的银行。

对于综合经营是否会增加风险，一些国内学者对目前存在的金融控股集团进行了实证分析。高国明（2011）利用中信银行、光大银行、平安银行（金控集团子公司）与其他 13 家上市银行 2005—2007 年的经营数据，分别以不良率、每股现金流、贷款集中度和信用贷款占比作为被解释变量建立回归分析模型，实证分析得出的结论是：相对于普通商业银行，金控集团子公司不良率偏高、流动性不足、贷款客户过于集中、信用贷款偏多②。说明我国金融控股集团的发展尚不成熟，缺乏有效的内控机制和公司治理体系，整体风险偏大，需要加强和完善外部监管。

在商业银行开展综合化经营的实证分析中，一些学者利用了模拟合并的分析方法，将银行和非银行做虚拟合并，并进行风险、收益的影响分析。马雯、陈彦达（2012）选取 14 家商业银行、7 家证券投资公司、3 家保险公司作为模拟对象，利用了 2006—2010 年的公开数据进行模拟合并分析，实证分析结论指出，随着综合化经营程度的深入，商业银行的经营风险随之降低。"虽然总风险随着综合化程度的提高而增加，但收益增加的速度更快，在对风险与收益进行权衡后，商业银行应当实施综合化经营"③。

胡挺、王继康（2013）对兴业银行并购联华信托进行了实证分析，发现银信兼营可以增加银行的市场价值；在财务指标方面，并购后，兴业银行盈利能力稳健，风险抵御能力增强。同时并购实现了优势互补，增加了中间业务收入，实现了经营模式的转变④。

梁琪、余峰燕（2014）利用 1993 年至 2008 年我国 IPO 股票承销数据进

① Manju Puri. Commercial banks in investment banking Conflict or interest or certification role？［J］. *Journal of Financial Economics*，1996：373 –401.

② 高国明. 我国金融控股公司经营风险的实证分析［J］. 财会通讯，2011（7）：145 –146.

③ 马雯，陈彦达. 商业银行综合经营风险研究［J］. 金融论坛，2014（2）：53 –57.

④ 胡挺，王继康. 银信混业经营、价值创造与风险水平——以兴业银行并购联华信托为例［J］. 经济问题探索，2013（12）：113.

行了分析，得出结论：1993—2001 年，由于严格的分业经营，商业银行介入证券营销业务的执业质量不高，与发达国家的研究结论相反，而到了2001 年以后，商业银行综合化经营逐步开展，承销的执业质量提升，显示出外部制度环境是影响我国商业银行承销业务执业质量的重要因素；同时企业内部组织形式对执业质量也非常重要，承销业务与信贷业务的分离程度越高，越有助于提升执业质量①。

赵聚辉等（2016）开展了投资银行业务协同效应的实证分析，他们利用扣除投资银行业务收入的营业收入作为被解释变量，选取 GDP、前十大股东持股占比、投资银行业务收入为解释变量，通过回归分析，证明了投资银行业务具有协同效应，投资银行业务规模越大，银行营业收入越高②。

邹克、蔡晓春（2017）对综合经营与经营效益提升的关系进行了实证研究，以 2007 年至 2013 年 14 家上市银行为研究对象，通过 DEA 交叉评价对银行效率进行测度。分析结果显示，提升综合经营水平有利于提高银行整体的效率，大型银行的效率提升幅度更大；另外，综合经营还有助于增强大型银行的稳定性。

纪盛（2017）以南京银行为例，分析了我国中小商业银行的综合化经营实践，南京银行把成长为中小银行一流综合金融服务商作为企业的发展定位，取得了托管业务、资产证券化试点、同业大额存单发行等资质，涉足了金融租赁、资产管理、消费金融、基金等多领域的金融业务，还借助战略投资者法国巴黎银行的优势，不断扩大经营范围，取得了较好的经营业绩。

三、商业银行综合经营的风险研究

商业银行拓展多元化业务可以分散风险，但如果业务交叉较多，风险未能有效隔离，就会产生风险传递。很多学者对于银行综合经营是否会增加风险也有不同的结论。一些学者认为商业银行业务与证券业务的联合会导致发展中国家银行倒闭次数增加。

金融控股集团都在不断加强内部控制，通过风控与效率的平衡达到最

---

① 梁琪．余峰燕．商业银行混业经营、承销商独立性与 IPO 股票质量 [J]．世界经济，2014（1）：81 – 105.

② 赵聚辉，徐晶，黄颖．我国商业银行开展投资银行业务的协同效应研究 [J]．辽宁师范大学学报（自然科学版），2016（3）：25 – 28.

佳的内部控制水平。韦军宁、范利民（2008）对金融控股集团的内控成本与内控收益进行了分析。内控成本包括行政支出、检查费用等直接成本，以及因加强内控导致的人员增加、业务制约和协同效率损失；内控收益则包括因为内控加强而避免的损失，良好的内部控制使利益冲突感知降低而增加的收益，监管部门给予的业务创新政策带来的收益。金融控股集团还要重视内、外部审计的控制职能；加强信息系统建设，确保信息质量①。

对于金融控股公司，集团的风险管理是非常重要的，汪洋（2010）把综合经营风险划分为传染性风险、风险集中的风险、信息不对称风险和利益冲突风险。因此，金融控股集团要更加注重利用模型量化特定风险的影响，加强情景模拟分析，计算出足够支持集团运营的盈余资本②。

周琛（2011）对2008—2010年我国金融控股公司和其他商业银行的风险进行了回归分析，认为金融控股公司性质的银行风险大于传统的商业银行③。

康华平（2012）认为在商业银行综合经营过程中，监管部门要想做好风险控制，就需要监督金融机构进一步完善公司治理，明确母子公司的功能与关系，构建好集团整体的治理模式，建立"防火墙"进行风险传递控制，健全综合监管框架，加强资本充足率的监督检查，确保资本充足率达标，完善资本准入，建议加重股东责任，控制好退出风险，促使银行在综合经营的道路上稳步发展④。

宋翰乙、刘明坤、周颖（2014）通过分析三家大型综合化金融集团的组织架构，为我国金控集团加强风险管理提出了建议。他们认为要保证综合化经营的持续健康发展，需要金融机构自身不断完善公司治理⑤。我国商业银行行政化色彩较为浓厚，集团总部常常既要负责母公司的经营，也要负责对子公司的管控，很容易导致角色混乱，管理失控，因此要积极构建

---

① 韦军宁，范利民. 金融控股集团的内部控制研究——基于风险管理的视角［J］. 中国经济与管理科学，2008（7）：63 - 65.

② 汪洋. 金融集团风险评估与经济资本管理研究［J］. 中国软科学，2010（S2）：89 - 92.

③ 周琛. 我国金融控股公司整体经营风险的模型回归分析研究［J］. 现代管理科学，2011（3）：37 - 39.

④ 康华平. 商业银行综合经营及风险控制研究［M］. 北京：中国金融出版社，2012：65 - 126.

⑤ 宋翰乙，刘明坤，周颖. 综合化经营国际银行的公司治理架构［J］. 金融论坛，2014（9）：34.

"以纵向业务管控为主的第一道防线"和"集团层面的第二道防线"。

黄卫华（2014）分析了不同金融业务的不同特点，认为货币市场更加偏好安全性和流动性，资本市场的资金偏好风险收益，而长期投资偏好稳定性和收益性，对流动性的重视则没有那么高。传统银行业重视在安全性的前提下保持流动性，注重调整资产负债双方的期限、结构以实现合理搭配，盈利较为稳定，实践以资产管理理论为指导；投行业务属于直接融资渠道，注重信用风险、市场风险、利率风险等，很少形成自身负债和资产，业务连续性不强，盈利的不确定性高；保险业务同样注重安全性，并以其作为首要目标，以负债的流动性、期限结构决定资产的流动性和期限。随着技术进步和信息科技的发展，风险控制技术在不断完善，金融监管手段也在不断创新，综合化经营的风险并没有想象的那么高。

陈康、贾春新（2015）认为当前并不是综合经营的恰当时机，他们认为分业经营与综合经营是一个权衡的结果。综合经营可以提升金融机构效率，但也会带来系统性风险。我国金融机构收入水平呈下降趋势主要是由于经济增长放缓，因此即便让商业银行参与到证券承销中，能否提升业绩也是不确定的。在风险方面，综合经营会提升金融监管的难度，现有的体制下，风险有可能会被放大。

四、商业银行综合经营的监管研究

金融业综合经营必然带来综合监管，谢平、蔡浩仪（2003）认为，金融监管的目的是创造有利于竞争和金融创新的外部环境，从而达到安全与效率的最佳平衡。他们把各国、各地区的金融监管体制分为四类：分业经营且分业监管，如法国和中国；分业经营且综合监管，如韩国；综合经营且分业监管，如美国和中国香港；综合经营且综合监管，如英国和日本[①]。同时，他们还梳理了当前各国主要的监管模式：一是统一监管模式，以英国原来的监管体制为代表，这一模式成本低、责任清晰、适应性强，对新业务能够及时监管；二是以我国为代表的分头监管模式，专业性更强，但这一模式协调性差，容易出现监管真空，监管成本较高；三是以法国为代表的牵头监管模式，在分头监管的基础上，建立起监管机构间的磋商协调机制，通过合作提升监管效率，但牵头监管者也较难控制整体性风险；四

---

① 谢平，蔡浩仪. 金融经营模式及监管体制研究 [M]. 北京：中国金融出版社，2003：49.

是以澳大利亚和奥地利为代表的双峰监管模式，这一模式下将会设置两类监管机构，一类负责审慎监管，控制系统性风险，另一类负责业务监管，从而达到双重保险；五是以美国为代表的伞形监管＋功能监管模式，对同时从事银行、证券、互助基金、保险等业务的金融持股公司进行伞形监管，即从整体上指定美联储为金融持股公司的伞形监管人，同时金融持股公司又按其所经营业务的种类接受不同行业主要功能监管人的监督。通过这种特殊的监管框架，金融持股公司的稳健性与效率都可以得到一定的保障。

对于金融机构的多元化发展，赵锡军（2003）认为综合经营的概念较混业经营要好，认为混业经营是特定历史时期金融发展模式的概括，表现为银行向证券等非银行金融业务的拓展，但这种发展模式已经不适应当前的实际，当前更多反映的是现代金融体系下各类金融业间的融合发展。另外，用混业经营指导我国金融业的发展，容易让大家忽视监管，过于放松对业务的限制。混业经营强调的是业务的相互渗透，而没有体现出业务间的相互融合。综合经营是金融创新的结果，是金融机构理性的选择，体现了资本市场与商业银行之间的天然联系。在监管方面，建议调整和改革我国的金融法律规则体系，从关注"如何管住风险、管住金融机构"转向"通过促进竞争、促进改革、促进发展来降低风险"。赵锡军不主张过快推进综合化经营，认为只有在监管的经验、水平达到一定条件，金融机构内部控制、制度、人员等逐步完善和优化后，推进综合化经营才能实现正面效应①。

夏斌、陈道富（2005）对金融控股集团监管主体的选择提出以下划分原则：只要金融控股集团内拥有银行，不论是否实质控制，都由银监部门作为该金融控股集团的监管主体，如果金融控股集团不拥有银行，则根据集团主要资产的性质，确定主监管者，由证监部门或保监部门担任监管主体。对于我国业已存在的一些金融控股集团的监管，虽然根本改变分业经营、分业监管原则的条件还不具备，但要尽快建立监管协调机制。要加强对金融控股集团的监管，"不论母公司（控股公司）的注册地是否在中国境内，只要是实质控制中国境内两类以上不同金融机构的境外机构，就应认定是金融控股集团"②，在监管操作上，监管主体不对金融控股集团内的单

① 赵锡军.综合经营还是混业经营——关于中国未来金融发展模式的思考［J］.河南金融管理干部学院学报，2006（4）：10－13.
② 夏斌，陈道富.综合经营下的金融机构监管协调［J］.银行家，2005（10）：16.

个金融机构进行监管，但必须对金融控股集团进行并表监管，金融控股集团的监管重点聚焦于资本充足率、风险集中度和关联交易。

于永宁（2011）分析了单一监管模式的弊端，认为"市场主体行为监管、审慎监管以及系统性风险控制分别基于不同的监管理念和监管手段，也与本国市场有关。让单一的监管机构同时承担如此多的监管职责，能否保持监管效率与监管成本的动态平衡，目前尚存质疑"①。单一监管容易造成垄断，更易滋生腐败和官僚主义。于永宁支持以目标为基础的双峰管理模式，针对系统性风险和机构监管、消费者保护分设金融机构审慎性的监管者和金融市场行为的监管者，形成双峰监管架构。

徐文彬（2013）认为我国目前对工商银行、农业银行、中国银行、建设银行等大型银行集团和金融集团缺乏有效监管，目前的分业监管模式也很难适应银行综合发展的需要，认为我国并不具备发展多元牵头监管的条件，而是应该采取一体化监管模式，避免监管目标的冲突。同时，他还建议监管部门尽快提升监管水平，加强人才队伍、系统、体制机制的建设，积极向英国、日本等一体化监管发展比较成熟的国家学习。

万峰（2013）等认为我国金融业发展取得了长足进步，但在体系完善、深化改革、优化结构等方面还有很多不足，应该树立"适度混业经营"的发展思路，引导经营历史较久、资本雄厚的金融机构开展探索。监管部门要充分借鉴国际经验，本着"渐进、可控"的基本原则，强化金融监管，完善监管协调机制，重点防范监管真空和系统性风险，支持与促进风险可控、竞争力强的金融控股集团发展。

刘纪鹏、刘彪（2016）分析了我国金融监管模式在应对金融创新时遇到的三个问题：一是监管空白；二是监管能力不对称；三是监管竞争，导致监管者竞相放松监管去迎合被监管者。对于监管改革，他们认为由于本轮金融创新形成了很多新的问题，加上我国金融机构庞大，难以进行激烈的金融改革，应该在合理分析当前金融困境的前提下，以现有金融监管体系为基础，逐步建立以金融行业功能为划分的统一监管模式。

郭彬（2017）全面分析了国际金融危机以来各国的金融改革方案，认为世界各国的监管模式改变主要体现在加强金融监管，强调形成监管合力，更加重视系统性风险的统筹，以及消费者权益的保护。建议金融监管要遵

---

① 于永宁. 金融监管模式的博弈与选择 [J]. 山东大学学报（哲学社会科学版），2011（4）：76.

循实质重于形式的原则，加强监管机构的交流，降低信息不对称，监管理念要从注重微观审慎向宏观审慎与微观审慎相结合转变，同时要注意监管政策的亲周期效应，加强逆周期调节。

陆磊（2018）认为从历史看，很多大型金融机构起源于商业银行或保险公司，进而开展跨行业并购，形成金融集团，但母公司从事具体经营的困难和风险较大，因而以金融控股公司为母公司的金融控股集团成为主流。我国采取这一形式比较符合当前的分业经营和分业监管现状。对于金融控股公司的监管，他认为：一是要简化投资层级，优化公司治理；二是要确保资本充足，避免资本重复计算；三是要设定好杠杆率，避免母公司过度发债对子公司注资；四是要规范关联交易，限制不当竞争；五是要控制金融控股公司各项金融业务对同一客户的集中程度；六是要加强流动性管理，避免一家子公司的流动性困难拖累整个金融控股公司。

综合而言，当前关于银行综合经营的主流文献认为：一是一国金融体系和规模发展到一定程度时，综合经营可以给商业银行带来规模经济和范围经济，有利于金融集团分散风险；二是大量的实证研究证明，商业银行实行综合经营后，经营质量和盈利水平显著提升；三是综合经营可以分散风险，但业务交叉过多、风险未有效隔离的情况下，易产生风险传递；四是综合经营的健康发展，需要与之相应的统一监管模式做保障，以达到金融安全和效率的最佳平衡。

第二章 商业银行综合经营的国际经验

第一节 美国商业银行综合经营模式分析

一、美国大萧条时期以前的银行体系

美国最初是由 13 个殖民地组成的松散联盟，人们围绕教堂组成社区，相互进行贸易和交往，只有少数商人在大西洋沿岸从事国际贸易。1776 年 7 月 4 日，《独立宣言》发布，美利坚合众国正式成立。虽然联邦政府成立了，但经济发展和社会管理还是以各个州为重心，各个州独立运转。最初的银行也是州银行，如马萨诸塞银行、纽约银行都是比较早期的州银行。

早期的美国银行都是综合经营，如参与证券市场。1792 年，根据《梧桐树协议》，美国 24 名经纪人约定每日在华尔街的梧桐树下聚会，从事证券交易，这标志着美国证券市场的诞生，而当时的北美银行、纽约银行都参与了股票的买卖。在以后的一段时期里，美国的商业银行一直都参与证券买卖，当时的州银行更是可以经营所有的证券业务。

（一） 第一银行和第二银行的产生与消亡

早期的美国还谈不上金融监管体系，人们普遍信奉 "最少干预的政府就是最好的政府"。一直到 19 世纪末，美国的经济与金融基本上都是自由发展的。关于设立联邦银行，也受到了广泛的争论，争论的双方以美国第一任国务卿托马斯·杰斐逊 （Thomas Jefferson） 和第一任财政部长亚历山大·汉密尔顿 （Alexander Hamilton） 为代表。杰斐逊代表南方自耕农的利益，更希望建立一个简单的社会，认为设立国家第一银行违宪；而汉密尔顿一派的支持者是来自东北部的商人和投资者，他们认为需要对各州的债务进行统一管理，认为国家的债务是国家的黏合剂 （A National Debt is a National Bond）。

1790 年，汉密尔顿提交了《关于银行的报告》，报告中提到强大的银行体系对于美国与欧洲国家竞争十分重要，而联邦银行将会成为"一个现成的信贷来源"，方便税款的征收和管理。那时的美国刚刚独立，社会各界对中央集权的组织都保有非常高的警惕，因此在议会审议时受到了广泛的质疑。经过多方斡旋，最终在 1791 年 2 月，华盛顿总统签发法令，经参众两院 2/3 多数通过，第一银行诞生。与此同时，州银行则开始进行专业化发展，如北美银行主要服务于贸易商，费城银行主要服务于零售商。第一银行的成立促进了货币稳定，美国经济持续向好发展。1800—1808 年，国债规模从 8000 万美元降到了 5700 万美元，这还包括了购买路易斯安那州（State of Louisiana）的 1100 万美元，但也暴露了不少问题，引发了公众广泛批评，"尤其是外国股东数量过多，职能定位不清，与州银行存在竞争关系，损害了公众利益"①。1811 年牌照到期后，第一银行的展期投票以失败告终，终止运营。当时，商业银行占主导地位，资产占全部金融机构的 4/5。美国联邦政府对商业银行没有什么监管，也没有明确的法律法规。

1812 年，美英战争严重摧毁了美国经济，大量资本外流；1814 年，除新英格兰的州银行外，其余州银行宣布暂停贵金属支付，联邦政府因持有贬值货币而遭受了 500 万美元的损失②。在新英格兰商人和金融家的推动下，麦迪逊总统向美国国会提议再度成立国民银行，即美国第二银行。第二银行面临着与第一银行相同的局面，受到了西部居民和自耕农的质疑。州银行和西部的企业家认为第二银行是联邦政府控制的工具，代表了东部商人的利益。杰克逊总统否决了第二银行的展期许可，第二银行最终于1836 年停业，恢复了商业银行的身份，以宾夕法尼亚美国银行的名义继续经营，直到 1841 年 2 月倒闭。

（二）自由银行时代及《国民银行法》的推出

随着联邦银行体系的瓦解，州银行快速发展，美国银行进入自由银行时代，个人及团体开设银行的门槛降低，最低资本金一般为 10 万美元，没有其他要求，办理手续也大大简化，被称为"又一个独立宣言"。这一时期，"美国的多家银行发行着不同的私人货币，并称之为银行券。这些银行券是永久性的、不含利息的债务索偿权，并且在必需的时候可以以票面价

---

① 张健华. 美国金融制度［M］. 北京：中国金融出版社，2016：1.
② 景学成. 美国跨州银行业的发展与前瞻［J］. 美国研究，1988（4）：26.

值变现为硬币……履行这些存款契约相当困难，欺诈特别难以防止，并且极有可能造成超量发行通货"①。自由银行法令的推行使银行纷纷设立，但是也出现了大批倒闭的局面，各州不停地修订自由银行法令。

从 1837 年至 1863 年，美国存在两种银行，即州政府管理的州银行和自由银行法令下设立的私人银行，联邦政府不再插手。通过财政部法案设立独立的财政部，导致政府与银行分离，联邦政府的收入不再存储于任何银行，联邦政府对银行的干预微乎其微。但是，随着南北战争的爆发，越来越多的人认识到国家需要整体管理，银行体系也不例外。"在内战期间，剧烈的通货膨胀迫使政府又回归到银行调控时代，这就要求政府批准国民银行来发行国家的纸币"②。对银行涉足其他领域的限制也不多，如银行可以经营保险业务等。

1863 年，《国家通货法》发布，后经修订并被 1864 年《国民银行法》所取代。《国民银行法》是美国历史上管理银行和金融业务的重要法律，从立法上确立了联邦政府对银行业干预和管理的正当性，确立了银行的国家许可权，形成了适用于州银行和国民银行的统一标准。《国民银行法》是汉密尔顿思想和杰克逊等人思想的调和，也导致了双重银行制的产生，也使货币监理署（Office of Comptroller of Currency，OCC）得以成立，国民银行虽然有了较大的发展，但并没有取代州银行。州银行虽然丧失了货币发行职能，也没有联邦许可，但相对较低的资本要求，导致了州银行的快速增长，在 1890 年达到 2000 多家，与当时国民银行的数量差不多。

此外，《国民银行法》也开始对银行的业务经营进行了规定，认为银行可以接受存款、买卖外汇、发放贷款等，还规定了银行的业务范围和经营原则。"一是确认了银行即银行原则，即银行仅能从事银行业务；二是对前述原则的例外规定，即允许银行从事非银行业务，但应当确保该业务属于开展银行业务之必需"③。《国民银行法》限制了国民银行进入证券业务，但对州银行没有限制，"既可以从事一般银行业务，接受客户存款，又可以从事承销、证券投资等一般证券业务。当时进入证券市场受限制的国民银

---

① 陈建华. 中央银行制度与自由银行业制度的论争 [J]. 财经科学，2000（3）：72.

② 朱怡. 美国银行的早期发展史初探 [D]. 上海：华东政法大学，2007：36.

③ 廖岷. 商业银行权益性投资业务监管的美国经验 [EB/OL]. [2017 - 02 - 17]. http://news. hexun. com/2016 - 06 - 06/184264598. html.

行，可以通过其控股子公司从事一般证券业务"①。商业银行资金实力雄厚，常常利用贷款融资等条件获得主承销商地位，提供资金支持那些面临困境的证券子公司；银行承销的劣质证券不易出售时，证券子公司也会诱导客户购买。这一段时期的金融业处于较为混乱状态。

（三）美联储的诞生

在国民银行时代，金融危机时常发生，1873 年、1893 年、1903 年都发生过较为严重的金融危机，每次发生金融危机都会导致银行纷纷倒闭。1907年金融危机发生以后，美国国会成立了国家货币委员会（National Monetary Commission），研究美国和欧洲主要国家的银行法律体系，并由参议员 Nelson Aldrich 率领一个专家小组前往欧洲主要国家访问。最终，国家货币委员会的报告和建议成为《1913 年联邦储备法》颁布的主要基础之一。1913年，联邦储备体系建立，美国的中央银行正式建立。与其他国家只有一个中央银行不同，《1913 年联邦储备法》允许建立 8 ~ 12 家储备银行，最终建立了 12 家。美联储建立的最初使命是稳定金融，应对当时不断发生的金融恐慌和银行业危机，"以便在金融危机爆发时向整个金融体系注入必要的流动性来支撑银行业，即提供所谓的弹性货币"②。通过提供弹性货币，满足货币需求的季节性波动。

第一次世界大战后，美国政府发行的自由公债受到民众的追捧，民众投资证券的热情被点燃，资本市场迅速扩张，公司直接融资的意愿显著增强。"随着银行的传统存贷款业务出现下滑，为了维持经营利润，商业银行向规则制定者提出扩张自身金融服务业务范围的请求，而管理部门也放松了有关商业银行进行证券业务承销的严格限制"③。

二、大萧条时期的美国银行业和后期处理

第一次世界大战后，美国经济快速发展，企业融资需求增加，金融市场的重心逐步从间接金融转向直接金融，证券市场非常繁荣，证券业务的承销、经纪业务需求很大。良好的市场表现吸引企业抽回存款投资证券市场，使银行业开始从事证券业务。1928 年，超过半数的银行从事证券业务，

---

① 吴旭. 欧美金融监管体制变迁及其启示 [J]. 银行家，2017（1）：83.
② 宋小川. 美联储货币政策百年历程 [J]. 经济学动态，2014（4）：107.
③ 赵婧. 商业银行混业经营模式研究——基于美、英、德的模式比较 [M]. 北京：中国金融出版社，2016：52.

"商业银行在债券原始发行中所占的比重由 1927 年的 22% 上升到 1929 年的 45.5%" ① 。

表 2 - 1 　　　　1922—1933 年美国经营证券业务的商业银行数量 　　　单位：家

年份	国民银行		州银行		总数
	直接经营证券业务	设立证券子公司	直接经营证券业务	设立证券子公司	
1922	62	10	197	8	277
1923	78	17	210	9	314
1924	97	26	236	13	372
1925	112	33	254	14	413
1926	128	45	274	17	464
1927	121	60	290	22	493
1928	150	69	310	32	561
1929	151	84	308	48	591
1930	126	105	260	75	566
1931	123	114	230	58	525
1932	109	104	209	53	475
1933	102	76	169	32	379

资料来源：宋媛媛. 美国金融混业经营制度变迁研究［D］. 郑州：河南大学，2010.

　　1929—1933 年的经济危机导致大量银行倒闭，其间每年倒闭的数量达到上千家，1933 年甚至达到了 4000 家。40% 的银行最终倒闭，这大大摧毁了人们的信心，银行从事证券业务受到了猛烈的攻击。美国国会也认为商业银行经营投行业务带来了两大问题，一是银行把资产投入证券投资活动中带来了很大的风险；二是银行经营证券业务，容易偏离代理人角色。很多专家认为，投行业务有营销的动机，对商业机会的成功有很大的利益诱惑，这很容易破坏商业银行的审慎与中立，会伤害公众利益与信心。由于民众的强烈不满，以及相关案例引发了美国金融界和司法界对银行附属权利边界的重大讨论，《格拉斯—斯蒂格尔法》由此诞生。该法案规定银行经营证券和股票业务必须完全依据客户指令，任何情形下都不可以自己的账户进行交易，也不得承销证券和股票。当然该法案还是允许银行承销政府、

---

① 张艳. 制度变迁与美国金融制度演变［J］. 中南财经政法大学学报，2002（6）：64.

州和市政证券，但不允许承销企业债券和股票这些不适格证券（Bank‐inel‐
igible Securities）。

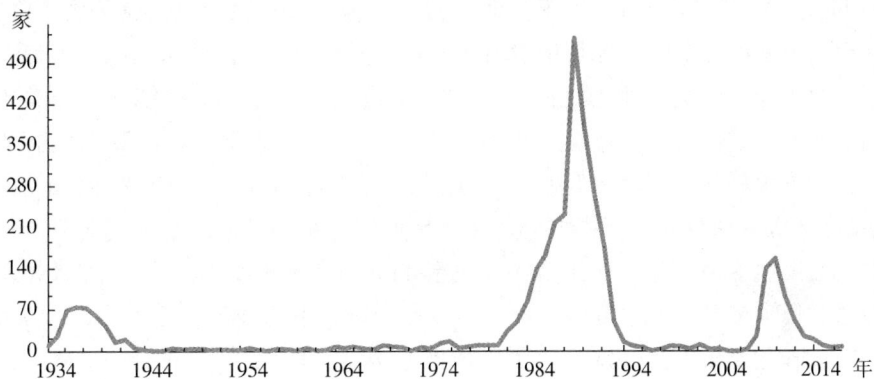

资料来源：Wind 资讯。

图 2－1　1933 年经济危机后美国银行倒闭情况

三、《金融服务现代化法》的出台及影响

《格拉斯—斯蒂格尔法》的出台使美国的银行业开始了长达 60 余年的
分业经营体制，银行、保险、证券开始分开经营，"百货商店"变身"专卖
店"。该法案禁止了银行、证券、保险的交叉渗透，"禁止商业银行参与投
资银行业务，特别是证券承销和自营业务，同时禁止商业银行与证券机构
联营或人员相互兼职，使大多数商业银行被迫退出股市"[1]；也禁止投资银
行染指商业银行，投资银行只能从事承销企业、政府所发行的证券及相关
的顾问、咨询等工作，不准经营支票、存单、贷款等商业银行业务，只能
用自有资本去认购证券。《格拉斯—斯蒂格尔法》出台的目的是在商业银行
和证券业之间构筑一道"防火墙"，限制银行资金流向资本市场，增强储户
的信心。毕竟当时美国银行业在经济中的地位非常特殊，是企业和个人客
户融资的主要来源，如果不能稳定下来，还会引起整个经济的动荡。

《格拉斯—斯蒂格尔法》的出台对金融机构产生了一系列影响，高盛和
雷曼被迫选择了投行业务，剥离了商业银行业务，J. P. 摩根选择了银行业
务，分离的投行业务成立了摩根士丹利。《格拉斯—斯蒂格尔法》出台后，
美国一直坚持分业经营和单一银行制度，对分业经营保持着支持和保护的

---

[1]　吴旭. 欧美金融监管体制变迁及其启示 [J]. 银行家，2017（1）：83.

态度，有效防止了金融业不同领域的风险传递和交叉感染，对银行开展综合经营并不支持，还曾要求欧洲国家对银行的多元化发展加以限制。但从20世纪70年代末开始，由于分业经营的实施，美国银行业的竞争力下降，甚至出现了世界前十名银行中没有美国银行的情况。"在全球范围内，商业银行业务和投资银行业务之间的界限逐渐模糊，双方在金融创新和兼并中相互渗透，成本低、业务全、规模大、竞争力强的全能银行体制因具有明显的竞争优势而逐渐胜出"①。美国监管当局不得不着手对《格拉斯—斯蒂格尔法》进行修订，允许银行适当开展证券业务。同时，当时金融业的格局已经发生了很大变化，工商企业对银行贷款的依赖已经下降，越来越多地通过资本市场来筹集资金，资本市场在金融业中的地位不断上升，"防火墙"的作用已没有以往那么大了。从20世纪80年代开始，银行与非银行机构的业务交叉越来越多，"分业经营体制逐渐向综合经营体制转变"②。

当时，一个比较著名的事件是花旗银行和旅行者集团的合并。花旗银行在合并前就是世界规模较大、业务门类齐全的著名金融服务集团，旅行者集团是一家生命与财产保险公司，后来在1997年收购了所罗门兄弟，业务范围涉及投行、保险、融资等多个领域。1998年4月6日，花旗银行与旅行者集团合并为花旗集团。在合并过程中，两家机构实现了优势互补，花旗银行批发业务全美第一，旅行者以投行业务、保险业务为主，合并可以大大降低成本，形成发展合力。合并后的花旗集团集商业银行、投资银行、保险、共同基金、证券交易等诸多金融业务于一身，非息收入在收入中的占比呈现上升趋势。这次合并受到了社会各界的广泛关注，因为它触及了美国长期以来对金融业分业经营的限制。

表 2 - 2　　　　　1997 年花旗银行与旅行者集团的业务收入　　　单位：亿美元

业务品种	花旗银行	旅行者集团
企业放款	12	—
信用卡	69	—
投资银行	16	

---

① 乔炳亚. 银行与证券分业问题研究 [J]. 金融研究，2000 (1)：107.

② 赵锡军，郭宁. 国际金融业综合经营的历史演变及中国的选择 [J]. 中国金融，2007 (8)：38.

续表

业务品种	花旗银行	旅行者集团
银行零售业务	6	—
交易	25	—
消费者金融	—	17
投资服务	—	21.5
人寿保险	—	4.4
财产保险及意外险	—	9.9

资料来源：刘伽彤．花旗集团银行系保险发展模式研究［D］．北京：对外经济贸易大学，2014.

在《金融服务现代化法》（*Financial Services Modernization Act of* 1999）从提出到出台的 10 余年里，美国先后颁布了四部法律，分别是《1980 年存款机构放松管制和货币控制法》《1982 年存款机构法》《1987 年银行业平等竞争法》《1989 年金融机构改革、复兴和实施法》。"这四部法律确认了金融业结构调整以后新的法律关系，在放松存款利率管制、逐步取消银行业务的地域限制、突破金融业分业经营模式、鼓励金融机构的联合与竞争方面迈出了实质性的步伐"①。如银行开始从事折价股票经纪业务（Discount Stock Brokerage），尽管仍不能涉足保险业，但银行的监管开始放松，允许开设新的货币市场存款账户，"联储允许银行与大证券公司之间进行合并，有些银行立即抓住机会购并证券公司"②，同时银行子公司证券承销业务的收入占比限制提高到 25%。1999 年，《金融服务现代化法》出台，废除了《格拉斯—斯蒂格尔法》中对综合经营的限制，允许并提倡银行业、证券业和保险业之间的联合经营，并规定了从事综合经营的金融机构类型，分业经营的界限开始淡化。

---

① 黄毅，杜要忠译．美国金融服务现代化法［M］．北京：中国金融出版社，2000：16.
② 赵锡军．美国银行业：一个世纪的变迁［J］．经济导刊，2001（2）：7-8.

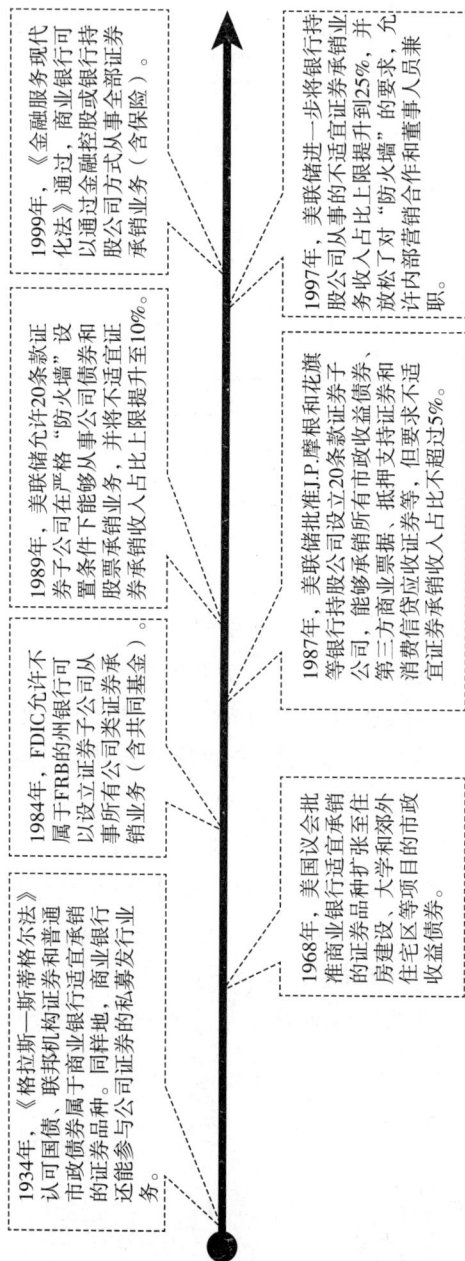

资料来源：海通证券研究所. 从美国商业银行拓展证券业务的历程看我国证券行业开放和发展 [J]. 中国证券，2013（7）：2－10.

图2－2　美国商业银行证券承销业务扩张路径

对于综合经营的形式,《金融服务现代化法》对于所有银行子公司总资产不超过 45% 或低于 500 亿美元的银行,银行控股公司可以直接设立证券子公司和保险子公司;而对于所有银行子公司总资产超过 45% 或高于 500 亿美元的银行,必须采取金融控股公司模式,母公司不从事特定业务,而是分别设立不同行业的子公司,强化"防火墙"的隔离作用。

《金融服务现代化法》出台后,商业银行重新确立新的竞争优势:一是实现了资源共享。通过统筹安排,集约化地利用资金,提升资金的使用效率。同时,更加充分地利用系统内不同子公司所掌握的信息、技术。二是提升了资金实力。金融控股公司融资渠道更加多元,更容易从资本市场筹集资金。三是提升了竞争能力。机构覆盖更广,业务更加多元,对客户的吸引力明显增加。如银行与保险的合作开始增加,4000 多家银行开始代理保险业务,银行保险的销售额从 1998 年的 310 亿美元增长到 2003 年的 781 亿美元①。四是增强了抗风险能力。通过设立"防火墙"隔离风险,业务分散,降低了对单一业务的依赖。

在新的法律框架下,监管也有了新的变化,新法案强调"功能监管"的原则,要求相应的监管机构承担基本的监管者责任。对银行业来讲,国民银行受到货币监理署(OCC)以及美联储和联邦存款保险公司的监管,州银行由于是州政府批准设立的,主要监管机构为州银行局。其他性质的存款机构,接受各自的监管机构监管。美联储还是金融控股公司的综合监管者,对机构的整体经营情况进行监督检查。保险业由于是州政府发放经营许可,因此也承担监管责任。证券市场的监管是美国证券交易委员会。多家监管主体必然秉承着不同的监管理念,证券监管机构强调维护市场的公平与秩序,而银行监管主体则强调安全与稳健,保险监管机构则更加关注保险公司的偿付能力。"由于各种监管的出发点不同,指标体系不同,操作方式不同,几家监管机构又要对同一金融实体的不同业务乃至总体健全状况做出判断,结论可能存在较大差别"②。

与原有的监管体系相比,新体系将银行、证券、保险统为一体,按金融服务的分类进行管理。

---

① 陆晓明. 美国银行业的保险业务——发展和前景 [J]. 国际金融研究, 2005 (8): 18 - 23.

② 郄永忠. 美国金融业混业经营之路 [J]. 经济导刊, 2004 (11): 57 - 58.

《银行法》	《证券法》 《证券交易法》 《投资顾问法》《投资公司法》 《证券投资者保护法》 SEC 规章制度 交易所规则、NASD 规则	《商品交易法》	州保险法
银行	证券、投资信托	商品	保险

图 2 - 3　原有的金融监管体系

1999 年《金融服务现代化法》			
《金融服务现代化法》监管机构 FRB			
OCC 规则	SEC 规章制度 交易所规则 NASD 规则	商品交易规则	州保险法规
银行	证券、投资信托	商品	保险

图 2 - 4　《金融服务现代化法》后的监管体系

四、2008 年国际金融危机前后的银行经营

2008 年国际金融危机爆发，导致美国银行业资产增速由危机前的近 10% 迅速转为负增长，盈利水平也被大大削弱，在 2009 年出现行业亏损。五大投行中，美林被美国银行收购，雷曼兄弟破产，贝尔斯登被摩根大通收购。美国银行业的经营结构随着监管环境的变化而出现了变化，主要反映在：高质量流动性资产占比提升，信贷资产投放力度加大；降低了风险程度较高资产的配置，从危机发生时的 72% 降到了 2012 年的 66%；工商业贷款占比提升，住房抵押贷款占比从危机时的 59% 降到了目前的 49%；商业银行纷纷加大了长期资产的配置力度，由 2008 年 20% 的占比提升到目前的 27%，中小银行在这方面的表现更加突出；对零售存款的重视程度提升，存款占负债的比例已由 71% 升至 86%[①]。

2008 年国际金融危机爆发以后，美国政府开始反思监管及体制的漏洞，

---

① 贺敬芝. 监管改革对美国银行业经营影响分析 [J]. 银行家，2018 (2)：106 - 109.

并于 2010 年 7 月 21 日颁布了《金融监管改革法案》，即《多德—弗兰克法案》（*Dodd - Frank Wall Street Reform and Consumer Protection Act*），成为美国政府应对本轮危机出台的重大改革法案。根据该法案，美国新设了消费者金融保护局（The Consumer Financial Protection Bureau），该局隶属美联储，通过立法、监管等手段保护金融消费者能够受到银行、借款人及其他金融机构的公平对待，避免金融机构对消费者的歧视，接受消费者投诉，加强金融知识的教育与传播，密切监测市场，避免出现新的风险。

同时，还新设了金融稳定委员会（The Financial Stability Oversight Council），负责识别和应对系统性金融风险。这个委员会负责查明美国金融稳定的风险；促进市场纪律；应对新兴风险对美国金融体系稳定的影响。委员会由 10 名有投票权的成员和 5 名没有投票权的成员组成，都是金融监管专家，还有一名由总统任命的独立的保险专家。

2008 年国际金融危机后，加强对金融业的监管成为各国的共识，在美国《多德—弗兰克法案》颁布，其中在第 619 条引入沃克尔规则。沃克尔规则主要包括：除了例外情形，禁止银行从事自营交易；禁止拥有或投资对冲基金和私募股权基金。即便在例外情形下允许投资，但投资总额不得超过银行一级核心资本的 3%，"为避免利益冲突，禁止银行做空或做多其销售给客户的金融产品；要求银行将信用违约掉期等高风险衍生产品剥离给特定的子公司"[1]。此外，沃克尔规则还希望建立一种高管问责机制，要求大型银行的首席执行官每年做出保证，证实其所在机构已经遵守了沃克尔规则。

沃克尔规则大大提升了大型金融机构的合规成本。据美国银行家协会估算，未来监管机构将投入 660 万个工作小时去进行规则的实施，180 万个工作小时用于执法，而银行也不得不增加 3000 个沃尔克规则的合规工作岗位。预计将使银行和投资者承担 3.5 亿美元的额外成本。沃克尔规则自 2017 年 7 月 21 日开始全面实施，随之而来的是很多机构开始剥离非核心业务，向简单透明的业务模式适度回归。为了避免成为系统重要性银行，一些规模在 500 亿美元附近的银行放缓了扩张速度，甚至开始出售非核心业务。而一些被认定是系统重要性的非银行金融机构则开始调整经营策略，如通用电气出售了银行和消费金融业务，美国国际集团剥离了非保险资产，

---

[1]　羌建新. 重视"沃克尔规则"溢出效应 [J]. 瞭望新闻周刊, 2014（13）: 54.

最终退出了系统重要性非银行金融机构行列。沃克尔规则推出后，争议就不断出现，一些银行从业人员认为其旨在将银行业拉回到了《格拉斯—斯蒂格尔法》废止之前，银行只能进行传统借贷，不能用于投机的安全经营蓝图是不现实的。

沃克尔规则对大型金融机构的业绩产生了很大影响，由于合规成本的提高和业务的调整，"美国最大的 8 家银行每年税前利润减少 100 亿美元。因此，近年来，摩根大通、高盛等华尔街金融机构一直游说美国国会进行改革，放宽金融监管"①。2018 年 3 月 14 日，美国参议院投票通过，放松部分银行监管的条例，这就包括沃克尔规则。2018 年 5 月 24 日，特朗普签署《经济增长、放松监管和消费者保护法案》（*Economic Growth Regulatory Relief*, *and Consumer Protection Act*）。

第二节　英国商业银行综合经营模式分析

英国的商业银行是由都铎王朝和斯图亚特王朝时期的金匠演变发展而来的，在 18 世纪形成了现代银行的雏形。有经济学家认为："18 世纪的英国，在经济领域发生了两场革命，即北部的工业革命和南部的金融革命"，金融革命的主要表现是银行业的兴起和资本市场的形成。荷兰银行业率先推行的低利率制度在很大程度上影响了英国，导致英国的商业银行形成了两种不同的发展路径，一是继续坚持传统模式的银行，保留了高利率的特征，大多数发展成为私人银行；二是与商业活动密切相关的股份制商业银行。

一、早期英国金融业的发展

（一）银行业的发展

英国私人银行历史悠久，最早可以追溯到早期的金匠和珠宝店，这些店铺最早主要是在伦敦经营，从事资金保管和放贷业务②。最初这些商铺主要是兼营，但随着金融资本在经济社会发展中的作用越来越大，很多金匠、

---

① 边卫红，杜雨晗，杨向荣. "沃克尔规则"改革进行时［J］. 清华金融评论，2018（5）：86.

② 刘金源. 论18世纪英国银行业的兴起［J］. 历史教学，2013（14）：40.

珠宝商人开始专注于银行业务，私人银行纷纷建立，到1800年前后私人银行已达到70家。一些私人银行位于伦敦西区，靠近贵族居住区，这类银行一般不和商人打交道，主要服务于贵族和乡绅；而另一些私人银行位于金融中心区，与商人的联系较为紧密，经营政府债券和东印度公司、南海公司的股票等，还为地方银行担任代理行。

英格兰银行是英国历史最为悠久的股份制银行，它设立的目的是缓解查理三世向民间借贷的困境，用于弥补因战争导致的财政赤字。1694年，以苏格兰人威廉·帕特森（William Paterson）为首的伦敦金融家与政府达成协议，承诺向英国政府放贷，作为回报英国政府允许他们突破股东人数限制成立一家银行。在短短的几周内，承诺的120万英镑就筹集完毕，认购者达到1208人，这些资金构成了英格兰银行最初的资本金，放贷给了英国政府来换取经营许可。最初，人们并没有把英格兰银行视为常设机构，而是作为英国政府举债应对危机的临时措施，但后期不断的对外战争和殖民地扩张导致英国政府需要不断举债，特别是英格兰银行接管英国国债业务后，它与财政的联系更加紧密。随后，英格兰银行多次以贷款为条件，让英国政府允许其"进一步强化特许经营权，还获得了银行券发行的垄断权"[1]。在后来的发展中，英格兰银行作为中央银行的属性越来越强，营利目的弱化，逐步开始充当政府部门的监管机构，并于1946年被国家收购。

除了英格兰银行，英国早期还有一些在伦敦以外经营的银行，被称作地方银行或者乡村银行。最早的地方银行由一个名叫詹姆斯·伍德的服装商人创立，后来随着英国经济的快速增长，到19世纪初期，地方银行已经发展到了数百家。在乡村地区，人们把积攒的资金存放在有名望的本地商人那里赚取利息，商人则以更高的利息发放给工商业。这些商人有农场主、经销商，因此这个阶段的银行名称就非常有特色，如"黑公牛银行""黑绵羊银行"等。一些信誉度高、资金雄厚的地方银行逐步发展壮大，后来演变成了著名的商业银行，如劳埃德银行、巴克莱银行。根据当时英国的法律，除英格兰银行外，银行的合伙人不得超过6人，地方银行资本规模的增速受到制约。不过，地方银行还是在服务经济，促进资本流通，推动地区发展方面起到了非常重要的作用。

---

① 刘金源. 论18世纪英国银行业的兴起［J］. 历史教学，2013（14）：38.

（二）早期英国银行的特征

虽然股份制银行最终发展得越来越大、越来越好，但在 19 世纪初期，私人银行是英国银行业的主流。后来，随着股份制银行的发展，私人银行的数量逐渐减少，到 19 世纪中叶其在银行中的占比降到 77%，到 20 世纪初期则降到了 40% 左右。

1. 分行制是英国银行最明显的特征。这一制度的形成得益于股份制银行的发展和银行间的合并。由于英格兰银行的特殊地位，最初英国政府不允许其他股份制银行的存在，19 世纪 20 年代的银行业危机后，这一限制才被放松。股份制银行得到快速发展，开始吞并私人银行，使其成为自己的分行，同时大的股份制银行开始吞并小的股份制银行，到 1921 年，最大的 11 家伦敦清算银行经营着 7500 个以上分行①。

2. 专业化是英国银行的另一个重要特征。英国早期对商业银行和投资银行的区分十分严格，即便在商业银行内部，传统上的清算银行（商业银行）仅经营资金的短期融通，不做长期放款，认为对企业融通长期放款是其他专业部门的事。英国还特意为特定业务设立了机构。如设立农业抵押公司、工业金融公司、工商业金融公司，后面二者又合并组成产业金融公司。早期的商业银行甚至不经营个人住房贷款，不经营养老金业务。各类金融需求都有专门的机构服务，市场维持着高度分割的格局。

（三）其他金融业的发展

英国在世界近现代历史上扮演着一个十分重要的角色，不但曾取代阿姆斯特丹成为全球金融中心，而且也曾是世界航运中心、世界工厂和世界经济中心，因此保险业和证券业发展得较早，也最为成熟。19 世纪初，英国的证券交易越来越职业化，批发经纪人（Jobber）和零售经纪人（Broker）分别有着不同的职能，"前者不再面对投资者，后者不再接触借款人"②。随着英国成为世界贸易大国，伦敦货币市场开始为自己的海外扩张提供金融支持，发展到后期，甚至开始为其他国家间的贸易进行融资。在当时的货币市场，一些银行提供着承兑和贴现的业务，提高了票据的可接受度，推动了货币市场的运转；在资本市场，商人银行开始为其他国家的

---

① 陈国庆. 英国金融体系的特征与新发展（上）[J]. 南开经济研究，1990（3）：4.
② 郭树清. 英国货币政策和金融管理的历史演变 [J]. 管理世界（双月刊），1988（2）：146.

政府和企业发行债券、提供贷款，证券交易所的业务量也大幅增长。

二、金融大爆炸

20 世纪 70 年代以后，英国逐步打破分业界限，推动银行综合经营。如 1971 年实行"竞争和信用控制政策"，以鼓励银行业拓宽业务领域。清算银行（即商业银行）开始经营消费信贷、单位信托、保险经纪等业务。随着欧洲货币市场的形成，越来越多的金融机构进驻伦敦金融城，英国金融业的国际化程度越来越高，有数据显示，20 世纪 80 年代伦敦外国银行的数量超过纽约，外国银行的资产总量超过英国本土银行。金融机构的增多加剧了市场竞争，银行开始横向合并，同时商业银行的业务也日益多元化。

"1983 年以前，英国证券行业实行分业经营，证券承销、证券经纪和自营等业务是严格分开的，证券经纪实行固定佣金制"①。撒切尔政府推行了大刀阔斧的改革，英国政府与伦敦证券交易所签订了改革协议，即 Parkinson – Goodison 协议。在推进内部改革的同时，英国还扩大了开放。在推进开放的过程中，本土的一些证券公司被外资收购。

表 2 – 3　　　　　　　部分英国证券公司股权变化情况

公司名称	收购方	收购时间
华宝银行（Warburg）	瑞银	1995 年
克莱沃特 – 本森（Kleinwort Benson）	德累斯顿银行	1995 年
摩根建富（Morgan Grenfell）	德意志银行	1989 年
巴林（Barings Bank）	ING 集团	1995 年
施罗德（Schroders）	花旗集团	2000 年
富来明	摩根大通	2000 年
史密斯纽考特证券公司（Smith New Court）	美林集团	1995 年

资料来源：高小真、蒋星辉 . 英国金融"大爆炸"与伦敦金融城的复兴 [N]. 上海证券报，2007 – 02 – 08（A09）.

在政策层面，金融管制放松，开始允许各类金融机构进入非传统业务领域，业务交叉情况增多。商业银行开始经营单位信托、商人银行（投行业务），发行信用卡、开办保险经纪，也开始进入由住房协会所垄断的房贷

---

① 高小真，蒋星辉 . 英国金融"大爆炸"与伦敦城的复兴 [N]. 上海证券报，2007 – 02 – 08（A09）.

市场。证券交易所放宽准入资格后，银行又开始涉足证券业务，促进了脱媒现象的加剧和资本市场的发展。保险公司也开始多元化经营，有的吞并小银行而涉足银行业务，有的设立信托公司，还有的涉足住房抵押贷款业务。

以著名的劳埃德集团为例，其业务广泛地分布在各个金融领域，详见表2-4。也有的住房协会涉足单位信托、保险等业务，而大的保险公司则开始设立单位信托和银行。

表2-4　　　　　　　劳埃德集团的子公司与联系公司

类型	公司名称	主要业务
子公司	黑马经纪公司	房地产经纪、调查及迁址服务
	黑马人寿保险公司	与单位信托联系的人寿保险和普通人寿保险
	国际代理公司	信用代理
	亚历克斯·劳里代理公司	信用代理
	劳埃德及苏格兰人公司	消费信贷、租赁及信用代理
	劳埃德联合航空租赁公司	飞机及有关设备的租赁
	劳埃德银行出口金融公司	出口金融
	劳埃德银行保险服务公司	保险经纪和保险揽客
	劳埃德银行（LABCO）公司	金融期货经营与清算
	劳埃德银行单位信托管理公司	单位信托管理
	劳埃德消费信用公司	消费信贷及租赁
	劳埃德租赁公司	金融租赁
	佩格苏斯持股公司	对未挂牌公司资本投资
	劳埃德银行金融（男人岛）公司	定期存款与放款
	劳埃德银行金融（泽西）公司	定期存款与放款
	劳埃德银行国际（格恩西）公司	投资、银行及金融服务
	劳埃德银行信托（海峡群岛）公司	投资、信托及纳税服务
联系公司	银行家自动清算服务公司（24%）	自动货币传递业务
	国际商品清算所持股公司（22%）	伦敦商品与期货市场的清算与保证
	工业投资人集团（14%）	工业金融
	联合信用卡公司（30%）	经营 access 信用卡
	旅行支票联合公司（36%）	全世界范围的英镑旅行支票
	约克郡银行（20%）	银行及金融服务

资料来源：陈国庆. 英国金融体系的特征与新发展（下）[J]. 南开经济研究，1990（4）.

为激发金融业的活力，英国在当时推出了分别以金融自由化和建立综合监管体系为特征的两次"金融大爆炸"，形成了开放的环境和良好的监管，推动了金融创新，伦敦金融城得到复苏。金融市场的快速开放虽然使"许多金融机构的所有权被外国资本控制，但伦敦控制全球资本的能力却增强了，对提升英国金融市场吸引力的正面作用非常明显"①，如银行业，1997年英国银行业的总资产为2.46万亿英镑，而外资银行的总资产超过了一半，达到1.34万亿英镑；在证券市场，当时在伦敦交易的外国股票占到全球的59%，纽约证券交易所和纳斯达克相加也不过为33%，其他金融中心的份额更是仅有8%②。开放的环境大大提升了伦敦城的地位，同时受益于良好的经营环境和人才优势，一些本土的金融机构也逐步发展起来。金融活力的恢复促进了竞争。随着金融业综合经营程度的不断深化，原有的金融监管架构受到了挑战。因此，英国又推进了金融监管领域的改革，把原来多达9家的金融监管机构优化整合为金融服务监管局（FSA），金融服务监管局负责金融监管，而英格兰银行的主要任务是维持金融稳定，专注于货币政策。

在金融服务监管局成立以前，英国金融监管一直以来秉承的都是自律监管为主的分业监管、分头监管体制，涉及多家监管机构。由于历史与文化的原因，英国金融监管有着明显的自我管理、自我约束特征。针对一些金融机构，监管者往往仅是发出一些"道义劝导"，这些并不具有法律约束力，但金融机构一般都会遵照执行，总体的监管运行还算顺畅。但随着经济社会的发展，这种基于自律的金融监管也遇到了很多问题，主要体现在以下几个方面。

一是多头监管导致协调和配合难度加大。众多监管机构职责交错，导致监管成本加大、效率降低，一些金融机构开始利用信息不对称实施监管套利。同时由于监管机构太多，单一监管机构的权威性降低，被监管者讨价还价的意愿和能力提升。在对问题机构实施救治时，又由于监管者相互观望，丧失救助时机。

二是降低了金融机构的效率。伦敦金融机构众多，金融交易规模位居全球前列，但过多的审批事项和政出多头的弊端，大大降低了金融机构的

---

① 高小真，蒋星辉. 英国金融"大爆炸"与伦敦城的复兴［N］. 上海证券报，2007 - 02 - 08（A09）.

② 徐亚文. 伦敦城与英国的金融服务业［J］. 四川金融，1999（5）：47 - 48.

经营效率。"这种政出多门的混合监管看似'轰轰烈烈'、无所不包，实则容易造成'死角'"①。金融机构还可以在不同业务间转移资金和风险，人为操纵利润，以达到逃税、内部交易，甚至洗钱的目的。

三是金融机构综合经营对传统监管模式提出了挑战。20 世纪末期，银行、证券、保险等行业的业务渗透逐步增多，跨行业兼并开始不断出现，英国金融机构综合经营的程度不断深化，使风险也急剧增加。1995 年巴林银行的倒闭导致公众把矛头直指英格兰银行，认为其监管不力。一些学者认为，由中央银行监管金融机构本就有非常大的弊端，中央银行的重要职责是维持货币政策的稳定，而对银行经营和消费者保护并不十分关注。此外，中央银行在根据经济周期出台政策时，又"可能顾虑所监管的金融行业的财务状况，而改变调整货币政策的节奏"，"中央银行职责范围越广，其屈从于政治压力和被政治控制的风险就越大，这会损害货币政策独立性"②。因此，剥离中央银行监管职能，整合优化金融监管，成为很多国家的必然选择。政府把监管权力授予私人机构，也是英国的一个传统特色。如证券投资管理局原本是一个私人公司，英国财政部将监管权力授予这家机构，但可以回收或撤销，虽然看似监管的权力已经转移，但实际上如果监管不力，导致出现金融风险，英国财政部一样会受到公众的指责，因此金融服务监管局设立后，这一模式被英国政府所抛弃。

2000 年 6 月《2000 年金融服务与市场法》（*Financial Services and Markets Act* 2000）被批准，它规范和明确了监管者的权利与义务，统一了监管标准，成为规范金融业的"基本法"。根据该法，设立了金融服务监管局（FSA），其成为英国金融机构的唯一监管者。金融服务监管局是一个独立的非政府组织，资金来自整个金融业，不从政府财政获取资金；向英国财政部负责，每年报告其执行情况，报告还会最终呈报英国议会。在监管理念方面，金融服务监管局较以往也有很大变化，更多地运用谨慎的规则来监管，大量采用外部监管，重视被监管机构的会计报告等，其内部组织结构如图 2 - 5 所示。

---

① 中国银行伦敦分行. 现代金融混业监管的最新模式——英国的金融监管实行重大改革[J]. 国际金融研究，2002（1）：46.

② 孙天琦. 次贷危机后英国为什么抛弃金管会模式？[J]. 清华金融评论，2016（1）：43.

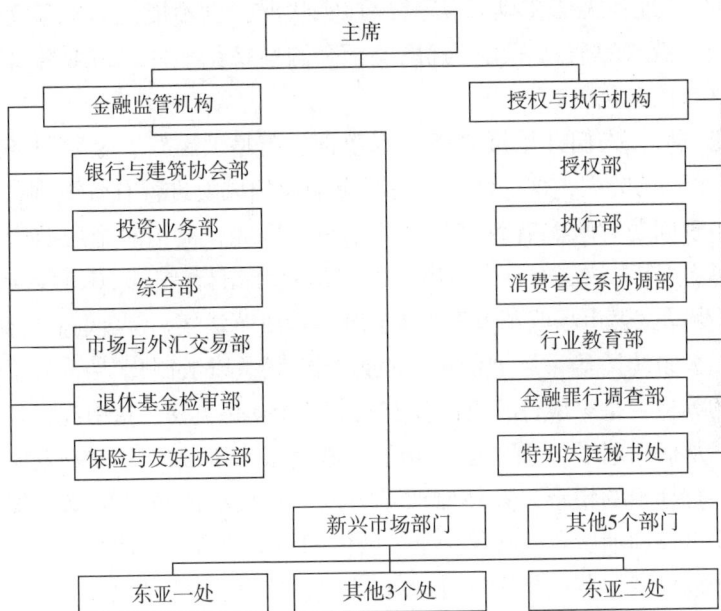

资料来源：中国银行伦敦分行．现代金融混业监管的最新模式——英国的金融监管实行重大改革［J］．国际金融研究，2002（1）.

图 2 - 5　金融服务监管局主结构及新兴市场部门分结构示意

FSA 的成立顺应了金融综合经营的大趋势，一定程度上消除了监管盲区和监管重叠，避免了多头监管，提升了效率。

三、国际金融危机后英国银行业的改革

次贷危机的爆发，重创了英国金融业。北岩银行的挤兑成为英国本轮危机的标志性事件。北岩银行是由北岩住房互助协会改制而成的，经过十多年的发展，到 2006 年时已经成为英国第五大抵押贷款银行、第八大上市银行。其核心经营策略是在负债端以吸收同业资金为主（占到 60%），在资产端以向居民发放住房抵押贷款为主（占到 77%），然后通过资产证券化方式进一步扩张。美国次贷危机爆发后，逐步传导到了英国市场，按揭贷款资产证券化产品需求锐减，北岩银行的流动性吃紧，股价开始大幅下跌。同时，由于监管部门没有有效地采取措施，"纵容了北岩银行的风险积聚，最后只能向英格兰银行提出紧急贷款申请。由于英国存款保险制度仅具有

‘付款箱’职能，无法主动核实银行真实状况，也不能进行风险处置”①，向中央银行借款的消息一出，就诱发了全国性挤兑事件。2008 年 2 月，北岩银行宣布国有化。

危机过后，人们开始反思英国财政部、英格兰银行、金融服务监管局"三龙治水"的弊端，这一体制没有对金融业的风险进行有效识别，也没有在市场出现问题时采取有效措施消除危机。因此，英国对金融监管进行了再次改革，"在立法层面，先后出台了《2009 年银行法》《2010 年金融服务法》《衍生品交易市场改革方案》《金融监管改革法案》《金融监管新框架：建立更强大系统》等一系列法律，将改革方案予以法制化"②。为了救助陷入困境的苏格兰皇家银行，英国政府耗费了 450 亿英镑，这引起了广大民众的不满，从而引起了一系列监管改革，避免未来继续出现政府为那些冒险失败的银行埋单的情形。在体制改革方面，首要的改革对象就是集宏观审慎、微观审慎和消费者权益保护于一身的超级监管者——FSA。

次贷危机后，英国拆分了 FSA 的职能，将职能分别赋予英格兰银行、审慎监管局和行为监管局。本轮改革强化了英格兰银行的地位与权力，在英格兰银行下设金融政策委员会（FPC）以及金融稳定委员会（FSC），接管宏观审慎职能。金融服务管理局被拆分为审慎监管局（The Prudential Regulation Authority，PRA）和行为监管局（Financial Conduct Authority，FCA）。"前者隶属于英格兰银行的下设机构，负责监管商业银行、保险公司和投资公司。后者监管所有公司的商业行为，侧重于对消费者的保护"③。对审慎监管局来讲，主要的监管目标有两个，分别是确保监管机构的安全运行以及为投保人提供保障。审慎监管要避免金融机构的个体风险对金融体系产生不利影响，要密切关注金融机构的资产质量、资本充足率、流动性、偿债能力等，监测和评估金融机构的风险状况，及时进行预警和处置。"审慎监管局的监管将由几个高级的专业团队来执行，这些专业团队将对金融机构可能出现的问题做出前瞻性判断"④。

英国在国际金融危机以后推动的"围栏改革"旨在为银行创造更加安

① 陆磊. 金融机构改革的道路抉择 [M]. 北京：中国金融出版社，2018：373.
② 吴旭. 欧美金融监管体制变迁及其启示 [J]. 银行家，2017（1）：84.
③ 邓瑛. 金融危机后英国金融监管改革的经验与启示 [J]. 金融纵横，2016（6）：10.
④ 陈少哲. 论金融混业经营潮流下我国金融监管体制的构建——以次贷危机后英国金融改革经验为借鉴 [J]. 法制博览，2016（4）：11.

全、更具竞争力的发展环境，避免危机的再次发生。"围栏改革"的主要目标是改变银行"大而不能倒"的预期，减少政府救助问题银行的成本，缓解民众的不满，把为个人客户和小微企业提供的存贷款业务置于围栏之内，与批发业务、投行业务相隔离。对银行来讲，要持有更多的资本，以便能够更好地吸收损失，同样"其债券持有人在银行破产时应承担部分损失，从而使普通存款人利益得到保护"，也对零售银行业务提出了更高的资本充足率要求，相比历史上美国的《格拉斯—斯蒂尔法》，"'围栏改革'可以称为温和的分业监管改革尝试"①。围栏原则的推行，导致银行经营模式由全能银行模式逐步向结构化综合经营模式转变。

第三节　德国商业银行综合经营模式分析

金融模式是社会发展模式的反映。2008 年国际金融危机以后，以英美为代表的"盎格鲁 – 撒克逊模式"和以德国为代表的"莱茵模式"孰优孰劣受到了广泛关注。"盎格鲁 – 撒克逊模式"强调以市场为导向，崇尚自由竞争，因此证券市场在金融市场中占有重要地位。而"莱茵模式"也强调自由竞争，但也支持国家适当调节，主张在国家所制定的秩序框架下实现竞争；证券市场的作用没有那么大，企业与银行的关系更加紧密，形成了以银行为主导的金融体系②。与英美的金融控股集团不同，德国是"全能银行"经营模式，银行的经营范围十分广泛，涉及存贷款、证券买卖、担保、租赁以及投资银行业务，与实业的联系十分紧密。德国银行业并没有在分业经营和综合经营之间摇摆，一直坚持综合经营。

一、德国银行业发展历程

德国的银行历史悠久，现存最古老的银行成立于 17 世纪末期③。在 19世纪早期出现了现代意义上的银行业，1846 年普鲁士银行获得货币发行权，成为德国银行业向现代银行转变的标志。19 世纪 50 年代，随着工业化的发展，很多行业需要大量融资，银行获得了大发展，一方面给工业企业贷款，

---

① 刘明彦. 英国银行业围栏改革评述 [J]. 银行家，2011（12）：98 – 99.
② 何建雄，朱隽. 欧盟金融制度 [M]. 北京：中国金融出版社，2015：23.
③ 余丰慧. 德国银行 330 年不倒的启示 [J]. 企业文化，2015（1）：24.

帮助发行债券，另一方面进行直接投资，如投资铁路部门等，安排人员担任高管，提供全面的金融服务，与企业建立了深入的合作关系。这种经营模式，推动了重化工业的大发展，为德国经济快速发展做出了重要贡献，也促进了银行业自身的发展。当时的银行业格局是"股份制银行和个体私营银行主要服务于工业经济领域，合作银行和储蓄银行主要服务于中小型加工业企业和商业企业以及农业领域，抵押银行主要服务于作为工业中心的城市建设"①。1871 年普鲁士统一德国，1876 年中央银行——帝国银行成立，除了四大邦国外，全部使用德国马克，彻底终结了各个邦国自行发行货币的情况。19 世纪中后期，随着股份制银行的出现，德国银行业先后经历了两轮兼并，大银行开始出现，到 1910 年，已有 6 家银行的资本超过 1 亿马克。

第一次世界大战后，各国在巴黎和会上签订了《凡尔赛和约》，对德国进行了严厉惩罚。德国丧失了 13.5% 的土地、12.5% 的人口，使德国受到重创。面对巨额赔款，魏玛政府不得不开动印钞机发行纸币，导致了严重的通货膨胀，甚至出现了 1 万亿马克购买一个面包的极端情况。为了应对混乱的局面，德国开始了银行业变革，发行新的纸币代替旧版马克，到 1923 年为止德国物价体系趋于稳定。这一轮恶性通货膨胀对德国的影响非常深远，德国充分认识到币值稳定和中央银行独立性的极端重要性，因此以后的德国政府都拒绝利用货币政策来刺激经济。这一原则一直被遵循至今。

第二次世界大战对德国银行业的影响是巨大的，西方占领区开始实行分业经营的模式，直到 20 世纪 50 年代后期才回到了综合经营的道路。1957年《德意志联邦银行法》公布，西德建立了统一的中央银行。东德按照苏联模式建立了金融体制，采用中央集权制，配合执行计划经济政策。20 世纪 60 年代，德国经历了一个快速发展期，经济实力大幅增长，仅次于当时的美国和日本，在这一过程中全能银行制度发挥了很大的作用。两德统一后，东德引入了原西德的全能银行制度，联邦银行也成为东德的中央银行，大批东德银行被西德银行收购重组。近年来，德国银行的并购重组不断发生，银行数量不断减少。20 世纪五六十年代，德国的银行类机构曾高达 1 万多家，目前仅剩不到 2000 家。

---

① 陈柳钦. 德国金融混业经营及其监管 [J]. 上海金融学院学报, 2008 (4): 59.

家

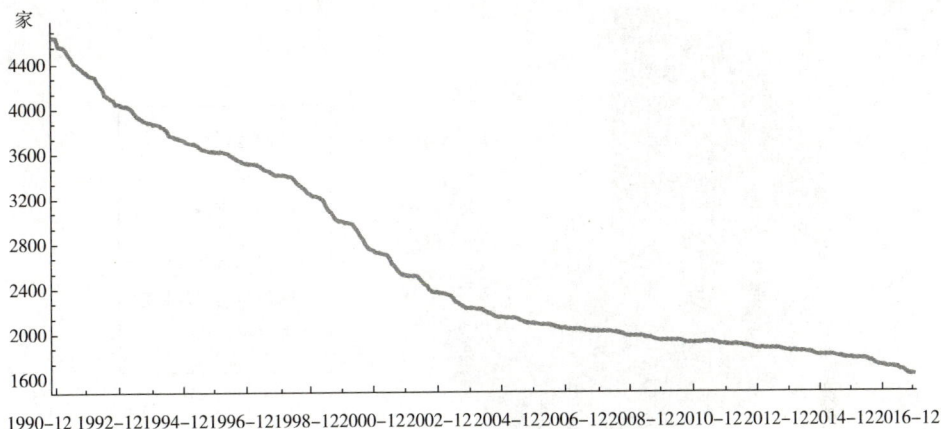

资料来源：Wind 资讯。

图 2 - 6　德国银行类金融机构数量趋势

二、德国金融体系

德国银行体系主要由商业银行、储蓄银行、信用合作社等综合类银行，以及抵押贷款银行、建筑与贷款协会、特定银行等专业银行组成。商业银行包括大银行、区域性银行、外国银行分支机构等①。储蓄银行主要为中小客户服务，包括乡镇储蓄所、地区储蓄银行、汇划中心三部分，在汇兑方面有着重要地位。随着实力的壮大，储蓄银行也开始经营非银行金融业务。信用社的比例最高，强调会员的共同责任，信用社的机构数量一度增长很快，后来随着合并与收购情况的增加，机构数量快速下降。在专业银行方面，抵押贷款银行、建筑与贷款协会、特定银行的数量和业务所占比重均较小。

在资产规模方面，商业银行是最大的一类银行业金融机构，州银行、储蓄银行、信用社和特定银行的占比也超过 10%。在商业银行中，德意志银行（Beutsche Bank）、德国联合抵押银行（HVB）、德累斯顿银行（Dresdner Bank）和德国商业银行（Commerzbank）是德国最大的四家银行②。

---

① 周光宇，孙大智 . 德国银行的发展及其启示 ［J］. 天津商学院学报，2004（4）：26.
② 王琪琼，王璐玲 . 20 世纪 90 年代以来德国银行业的变革 ［J］. 国际金融研究，2001（5）.

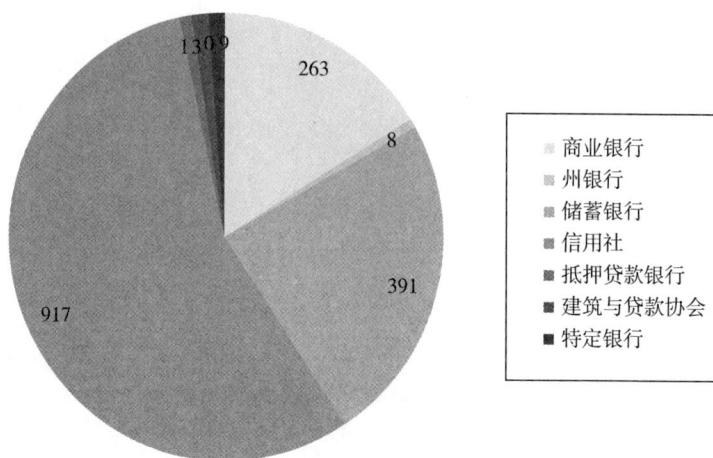

资料来源：Wind 资讯。

图 2 - 7　2017 年末德国存款类银行机构数量分布情况

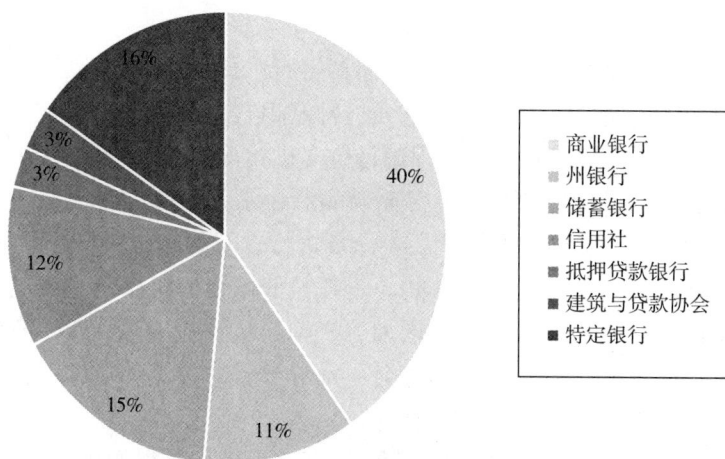

资料来源：Wind 资讯。

图 2 - 8　2017 年德国全部银行资产规模占比情况

　　不过与美国和中国的银行相比，欧洲银行的资产规模和盈利能力普遍不强，英国《银行家》杂志的银行排名前十名中已经很难见到欧洲银行的身影。2017 年 TOP1000 家银行一级资本排名中位次最高的是汇丰银行，排在第 9 位，而德国排名最高的是德意志银行，仅排在第 21 位。

排名	银行名称	国家	一级资本规模（百万美元）	资产规模（百万美元）
21	德意志银行	德国	58406.32	1674258.95
22	农林中央金库	日本	57912.66	955490.83
23	招商银行	中国	55939.57	855008.78
24	法国兴业银行	法国	55374.74	1454990.53
25	中信银行	中国	55060.43	853388.49

图 2 - 9 2017 年英国《银行家》杂志 TOP1000 家银行一级资本排名（节选）

与英美相比，德国资本市场发展缓慢，银行一直都是企业融资的主要渠道，德国政府也鼓励银行为企业提供长期融资，允许银行发行长期债券，德国长期较为稳定的低通货膨胀率也使资金利率一直比较稳定。

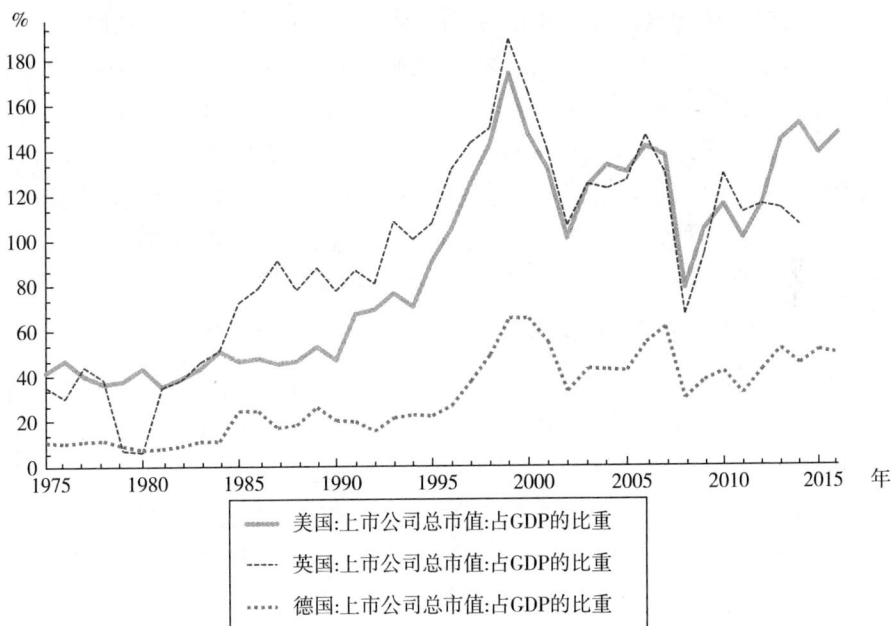

资料来源：Wind 资讯。

图 2 - 10 英美德上市公司市值占 GDP 的比重

三、德国银行业综合经营实践

（一）全能银行

德国执行的是全能银行制度，除了传统商业银行业务，德国银行还积极参与证券承销、资产管理、保险等业务，其在战后取得的很好的经营效果，受到了世界的广泛关注。德国最大的银行——德意志银行先后收购了英国的摩根建富和美国的信孚银行，同时创建了保险公司，增强了在证券、保险领域的实力，也强化了自身的国际化属性，成为覆盖全球的国际化金融集团。在全球经济自由化的背景下，德国银行也有扩张的意愿。

大型银行和实力较强的州银行也都积极参与证券投资，"目前，德国的资本市场基本由德意志银行、德累斯顿银行、德国商业银行三大银行垄断"[①]，德国法律把银行自营证券的风险限定在一个较为安全的范围内，证券投资一般与传统业务相关联。参与的业务主要有：一是证券保管业务，与证券保管和转账支付等业务一样，已经是商业银行的常规业务；二是证券承销业务，可以承销新股、内部股份上市、增资扩股等；三是证券自营和代理业务，可以代客买卖，银行收取手续费，也可以自营证券，获取投资收益；四是其他证券业务，如衍生品交易。德国银行业还成立了专门的委员会，定期讨论和协调银行参与证券业务中的问题[②]。

（二）德意志银行的经营历程

德意志银行成立于 1870 年，在第一次世界大战前曾是世界上最大的综合性银行，目前主要有三个业务板块：私人与商业银行业务（Private & Commercial Bank）、资产管理业务（Deutsche Asset Management）、企业与投行业务（Corporate & Investment Bank）。在德意志银行的资产与负债中，贷款与存款的占比都不高，2016 年年报显示，集团总资产为 15905.46 亿欧元，而贷款为 4089.09 亿欧元，占比仅为 25.7%；总负债为 15257.27 亿欧元，存款为 5502.04 亿欧元，占比也仅有 36%。德意志银行的收入并不十分依赖利息收入，非息收入水平要高于利息收入。从 20 世纪 80 年代开始德意志银行的非息收入占比就逐渐上升，由 1981 年的 20% 跃升到 2000 年的 76%，后来受到 2008 年国际金融危机影响，非息收入占比降低，但依然高于利息收入。在结

---

① 白海峰. 德银会是下一个雷曼吗？[J]. 清华金融评论，2017（2）：112.
② 陈柳钦. 德国金融混业经营及其监管 [J]. 上海金融学院学报，2008（4）：61.

构方面也有很大的变化，"德意志银行 1984 年非息收入占比为 25%，其非息收入几乎全部为佣金和管理费；到危机前的 2006 年，德意志银行非息收入占比高达 75%，非息收入中直接来自投资收益的占到 40%"①。

表 2－5　　　　　　　　德意志银行收入结构情况　　　　　单位：亿欧元

项目	2016 年	2015 年	2014 年
利息收入	133.24	149.25	131.38
非息收入	153.07	176.44	176.77

资料来源：德意志银行年报。

受美国股权文化影响，德国银行也纷纷涉足资本市场。德意志银行的投行色彩就非常浓厚，经营策略也非常激进。"截至 2015 年底，德意志银行的杠杆率为 28.6 倍，这个数据是 2014 年末花旗集团的 8.7 倍、汇丰控股的 13.2 倍、摩根大通的 11.1 倍"②。2016 年 6 月，IMF 发布报告称，德意志银行是全球系统重要性银行中系统性风险最重要的贡献者。过度依赖投资收益也带来了很多弊端，如收入的波动性增大，特定投资的盈亏会影响集团收入。2015 年，德意志银行出现了巨额亏损，创造了最为糟糕的经营业绩。亏损主要是由于收购银行的资产减记，包括收购信孚银行（Banker Trust）、德国邮政银行（Deutsche Postbank）、华夏银行等。2016 年，美国司法部就德意志银行在国际金融危机前期违规出售的 RMBS（住房按揭抵押贷款支持证券）开出了 140 亿美元的罚单，不过在当年年末双方达成协议，罚金缩减到 31 亿美元和 41 亿美元客户救济。

德意志银行是近两年全球金融系统关注的重点，由于在综合经营过程中过于短视，把经营重心转向了"赚快钱"，比较重视能够快速带来短期效益的投行业务，即便是国际金融危机后，其投行及资本市场业务净收入也在全部收入中占四成左右。德意志银行的衍生品交易规模过大，"巅峰时其规模甚至超过 75 万亿美元，为当时德国 GDP 的 20 倍。即便 2015 年末减持至 46 万亿美元，仍占到全球衍生品交易总和的 12%，相当于当年德国 GDP 的 14 倍，欧盟 GDP 的 2.9 倍"③。德意志银行一度被认为不再是全能银行

① 刘明彦. 银行业收入结构：美国、德国和中国的一项比较研究 [J]. 财贸经济，2012（5）：73.

② 白海峰. 德银会是下一个雷曼吗？[J]. 清华金融评论，2017（2）：110.

③ 董小君，钟震. 德意志银行危机的特征、成因及其启示 [J]. 国家行政学院学报，2017（2）：115.

而是货真价实的投行。近期，德意志银行开始了新一轮改革，推动资产管理业务上市融资，对业务结构进行优化，放弃出售德国邮政银行的计划，将重新整合零售业务。

（三）全能银行发展模式的变化

与很多国家不同，德国银行与企业的关系十分紧密，很多大型企业都有一家"主银行"，这家银行不但为企业提供贷款支持，也参与企业的证券发行、理财、咨询等活动，有的还会参股企业，企业与银行互派高管，参与到经营管理中。大型银行往往会参与创建和改组大型企业，如德意志银行主导了汉莎航空、戴姆勒—奔驰公司的企业改组，通过"债转股"获得企业的股权。通过银行入股工业企业，既帮助企业成长，也阻止了国外资本对德国工业的入侵[①]。随着德国日益强大，这种必要性开始下降，加上德国征收高达58％的资本利得税，银行持有企业股权的意愿开始下降，减持企业股票的行为开始发生。

这种模式的好处是降低了企业融资的不确定性，由于银企关系较为稳固，企业可以得到更好的融资支持，使企业可以不被当期目标所左右，专注业务的长期发展和稳健经营，曾被认为是德国战后经济腾飞的关键因素，银行也由于综合经营而带来收入增加、风险分散等好处。与此同时，全能银行制度也带来了一些问题，如导致企业过度依赖银行融资，资本市场发展缓慢，由于竞争不充分，企业融资成本较高。

除融资成本高以外，利益冲突也是被诟病的一个原因。银行参加企业董事会，参与管理和经营，获得了大量的内部信息，很容易引起公众的不信任。对中小企业来讲，银行与大企业走得太近，很不利于它们获得信贷资金支持。曾有专家指出，"像微软这样的公司在德国永远没有机会"。

近年来，德国全能银行的发展模式也在发生变化，四大商业银行开始进一步强化自身特色，突出业务强项。从以往一致性地进行全能化、综合化经营向选择性发展转变。除德意志银行还在坚持全球化、多元化以外，其他三家银行都放弃了简单的大而全的发展战略。德累斯顿银行在两次并购努力失败后，开始将战略重心向投行业务转移；德国商业银行则从原来经营效果不佳的投资银行领域退出，投入更多精力去强化公司业务、零售业务和资产管理业务，同时把客群定位为"以中等客户为主"，也加强了与

---

① 仲继银. 德意志银行的多元转型 [J]. 董事会, 2011 (4): 98.

欧洲其他国家金融机构的合作。抵押联合银行则强化了"区域性银行"的特点，把经营重点放在德国富裕的南部地区和中东欧市场①。

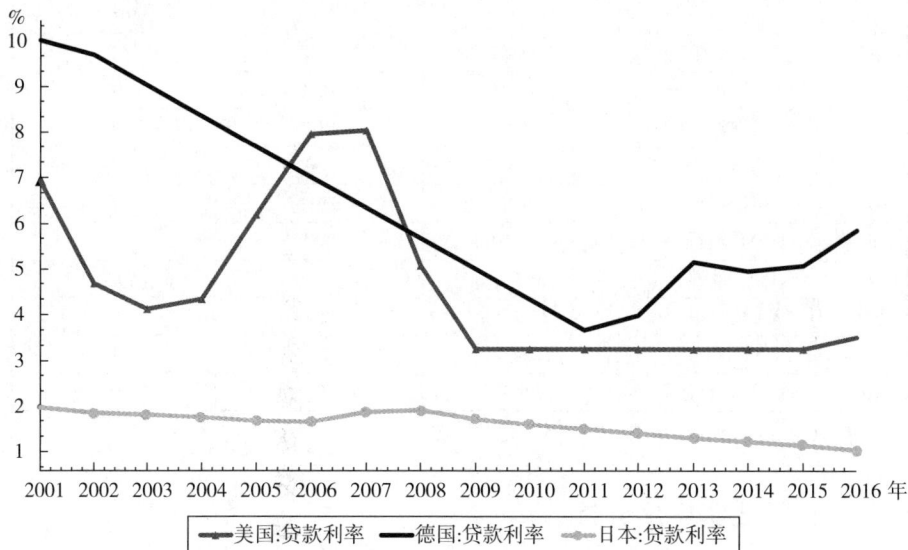

资料来源：Wind 资讯。

图 2 – 11　21 世纪以来美德日三国贷款率比较

第四节　国际中型商业银行的发展

与我国商业银行业务结构、发展战略严重趋同的情况不同，很多国家的商业银行，即便是业务规模无法与大型银行相抗衡，但也都坚持多元化发展，努力构建自身的发展特色，在特定业务领域形成竞争优势，同样在与大型银行的竞争中保持一定的竞争力。

美国大型银行数量不多，除了摩根大通、美国银行、花旗集团、富国银行四家较大以外，其余银行的资产规模都不大，很多都是社区银行。社区银行中"社区"的概念比较广，可以指一个州、一个市（县），也可以是一个居民聚集区。

---

① 邓兰松，边绪宝. 德国全能银行的发展、变革与启示［J］. 济南金融，2004（5）：47.

表 2-6 美国资产规模前十大银行

排名	银行名称	总资产（百万美元）	分支机构（国内）（家）	分支机构（国外）（家）
1	摩根大通银行	2118497	5322	33
2	富国银行	1740819	6181	14
3	美洲银行	1659793	4678	30
4	花旗银行	1356393	740	249
5	美国银行	448401	3204	1
6	PNC 银行	357859	2685	2
7	纽约梅隆银行	299651	2	14
8	第一资本银行	279255	755	0
9	TD 银行	264438	1277	1
10	道富银行	251545	2	11

资料来源：FDIC。

一、行业集中度分析

市场集中度反映了行业的市场结构和垄断情况，定量分析指标主要有集中率（CR_n）和赫芬达尔-赫希曼指标（HHI）。

集中率（CR_n）反映了银行业最大的 n 家机构资产、存款等指标占总体的比例，这个指标越高说明资源越集中在前 n 家机构，市场垄断程度越高。计算方法是

$$CR_n = \sum_{i=1}^{n} \frac{x_i}{X}$$

n 的取值一般为 4 或 8，表现前四家或者前八家企业的市场占比，不同的集中率体现了不同的市场状况。

表 2-7 贝恩的产业结构划分法

产业结构类型	CR_4（%）	CR_8（%）	该产业的企业总数（家）	代表性行业
寡占 I 型	≥75		20~40	轿车、卷烟
寡占 II 型	[65, 75)	≥85	20~100	轮胎、洗衣机
寡占 III 型	[50, 65)	[75, 85)	较多	钢铁、钢琴
寡占 IV 型	[35, 50)	[45, 75)	很多	肉类制品、杀虫剂
寡占 V 型	[30, 35)	[40, 45)	很多	面粉、水果
竞争型	<30	<40	极多	纺织、服装

资料来源：骆品亮. 产业组织学 [M]. 上海：复旦大学出版社，2006.

赫芬达尔 – 赫希曼指标（*HHI*）一定程度上克服了集中率指标的不足，计算方法是

$$HHI = \sum_{i=1}^{N} \left(\frac{x_i}{X} \right)^2$$

在完全竞争状态下，每个企业的份额都非常小，*HHI* 接近于零；当处于完全垄断状态时，产业中仅有一家企业，n 为 1，$x_1 = X$，这时 *HHI* 等于 1。此外，*HHI* 指数对一些规模较大企业的比重比较敏感，企业的拆分或者合并会产生很大影响。在西方国家，这个指标被用于反垄断领域，如美国规定，如果银行要合并，只有在 *HHI* 指数不超过 0.18，并且指数从合并前到合并后增加额小于 0.02 的情况下，银行间的合并才会被批准。

在我国，截至 2016 年末，银行业金融机构总资产为 226.26 万亿元，总资产排名前四位分别是工商银行、建设银行、农业银行、中国银行，CR_4 为 36.60%，CR_8 为 49.29%，属于寡占Ⅳ型。而利用资产规模排名前 35 位银行粗略计算的 *HHI* 指数为 411（指数乘以 10000 以后）。曾有学者利用 2008 年的数据测算美国银行业存款的集中度，CR_8 为 41.88，*HHI* 指数为 350[①]，美国银行业的发展较为稳定，目前的市场集中度变化不大，两国数据之间具有一定的可比性。从发展趋势看，随着中型商业银行的崛起，我国银行业的集中度在逐年下降，未来无论是 CR_4、CR_8，还是 *HHI* 指数还会降低。

二、银行业务的发展特色

我国的银行业务结构比较相似，主要是传统的存贷汇业务，信贷投放的行业区别也不太大。虽然一些银行注重发展特色支行，旨在于某个领域精耕细作，但总体看银行业务的一致性还是较高。美国的银行在发展特色方面要好于我国，一些中型商业银行在细分领域竞争力比较强，某些业务也能形成自身特点。福布斯根据多个业务指标对美国的银行进行了综合业务评价，在 2014 年 100 强榜单中，Signature Bank 名列第一，排名高于一些传统的大型银行。一些中小型银行的排名和业务介绍如表 2 – 8 所示。

---

① 王馨悦. 浅析美国银行行业集中度和市场竞争性［J］. 时代金融，2014（1）：194.

表 2 - 8   2014 年福布斯 100 强排名中部分中小型银行的情况介绍

银行名称	排名	资产规模（亿美元）	银行概况
Signature Bank	1	260	银行网点主要集中在纽约都市区，核心客群是当地企业主及公司高管，通过雇用经验丰富的个人金融业务专家为高端客户提供服务。银行理财专家和客户经理对高端客户的维护能力至关重要，关系营销是取胜关键。该行一个独有的特点就是在所有工商业贷款中，有 20% 的额度给了纽约标志性黄色出租车执照业务。
社区银行系统（Community Bank System）	12	80	经营区域主要在纽约北部地区，虽然其整体规模不大，但比较爱参与并购活动，自 1996 年至 2015 年共发起了 30 次左右的并购活动，其中部分并购是针对非银行金融机构、资产管理公司、信息科技公司等。可以说该行不是干出来的而是买来的。作为一家银行控股公司，除了银行外，还有雇员福利管理、保险代理、社区投资管理、财富管理及咨询等一系列相关子公司在更广泛的地域范围内提供金融服务。
乌姆普夸控股（Umpqua Holdings）	16	220	Umpqua Holdings 安快控股拥有安快银行和安快投资两大业务板块，其中安快银行的主要业务领域在社区银行、按揭贷款和经纪类业务。安快银行也属于频繁发生并购业务的银行，2014 年该行完成对与自身资产规模相当的华盛顿当地第二大银行斯特林金融公司的收购，资产增加一倍，网点增加到近 400 家。
硅谷银行	4	360	硅谷银行作为高科技银行，国内对它都比较了解，主要业务发展集中在计算机软硬件、生命科学、医疗设备等几个领域，为中小型企业以及目标企业主和雇员提供个人金融服务。该行很有国际视角，在中国、印度、欧洲都有分支机构。在国内与浦发银行建立浦发硅谷银行。有别于传统银行，该行主要通过风投和私人股权融资的业务形式为目标客户服务。

续表

银行名称	排名	资产规模 （亿美元）	银行概况
纽约社区银行	43	490	纽约社区银行是纽约社区银行集团下的一个分支机构，是纽约州最大的储蓄机构，该行收购了一系列小型银行，名下有 7 家不同品牌的银行机构，但后台系统都属于纽约社区银行。
亨廷顿银行	47	640	该行的主要营业地是位于中西部的俄亥俄州，是一家在六个州营业的区域性银行，业务种类起源，与国内城市商业银行的发展模式较为接近。
北方信托银行	25	1110	北方信托银行不是一家传统意义上的商业银行，主要通过投资管理、基金和资产服务为海内外客户服务，20%美国最富裕的家庭是该行客户。业务以资产管理为主，以传统贷款为辅。
五三银行	52	1340	五三银行属于传统意义上的社区银行，1975 年由第五和第三国民银行合并而来，在 11 个州营业，经营理念与亨廷顿银行类似。

资料来源：王礼，曹飞．美国中小银行经营特点及对中国城商行的启示 [J]．清华金融评论，2016（8）．

一是综合化程度高，服务能力强。以 Signature Bank 为例，这家主要在纽约经营的银行，有着自己的服务团队（Private Client Group）来服务于私人企业，以及企业主和高级管理人员。服务团队成员主要来自纽约的各大银行和证券公司。Signature Bank 认为他们的服务既有小型机构的快速反应能力，也有大型银行的专业能力和从业经验，他们通过自己集团内部的专业子公司可以为客户提供投资、股票经纪、财富管理和保险乃至设备租赁等服务。

二是专注在细分市场的精耕细作。这方面较为突出的是硅谷银行。硅谷银行（SVB）成立于 1983 年，主要为处于初创期、成长期和成熟期的科技公司提供金融服务，成功帮助过 Facebook、Twitter 等企业。对于初创期的企业，与企业吸引的风投相匹配，提供中长期创业贷款；对于成长期企业，主要提供流动资金贷款；对于成熟期企业，则提供现金管理服务和财务管理。硅谷银行并没有零售业务，只是专注于几个垂直行业，体量无法与大银行抗衡，但在细分市场往往是绝对的行业第一。在技术方面，硅谷银行有着较为健全的高科技初创公司的风险评估体系。硅谷银行非常重视企业的现金流，往往会要求企业在其银行开设账户，用来监测企业的经营。在企业原则方面，硅谷银行比较注重多元化，用于分散风险。不过，硅谷银行金融集团的业务主要集中在生命科学、互联网、风投和高端葡萄酒四个领域。在这些方面硅谷银行金融集团有着强大的人员储备，很多员工都是来自这些行业的专业人员，人脉关系也缓解了信息不对称带来的风险。在组织架构方面，硅谷银行金融集团拥有硅谷银行、硅谷资本、硅谷评估、硅谷证券、硅谷私人、硅谷资产。在业务模式方面，硅谷银行金融集团对于看好的企业直接进行股权投资，也会发放贷款，但贷款利率较高，以此来平衡业务风险；另外，硅谷银行金融集团还会向 VC/PE 投资或者向风投机构发放贷款，对于风投筛选后的企业，硅谷银行金融集团也会提供贷款等金融服务。

三是业务结构随着市场的变化而变化。这方面较为突出的纽约梅隆银行，从 20 世纪末开始，这家银行就在进行经营转型，先后剥离了抵押贷款业务、信用卡业务、保理业务，更是在 2006 年用自己的 338 个分支机构、70 万名零售客户和 2000 个中小企业客户等与 JP Morgan 交换了公司信托业务，到 2011 年末传统银行业务基本剥离完毕。收入结构也从资产服务、零售业务、批发银行"三分天下"转变为高度依赖投资管理和投资服务①。"正是由于不同于一般银行的收入结构和业务结构，中间业务比重大，纽约梅隆银行在国际金融危机中受到的冲击很小"②。从纽约梅隆银行的发展史可以看出，它是在努力转变自身业务方向，彻底由商业银行转型成为专业银行，致力于为金融机构和高端客户提供资产管理等金融中介服务。不同于传统商业银行，它的业务主要围绕资本市场展开，也是商业银行的服务提供商，是银行的银行；也不同于投资银行，它擅长的是资产管理和结算等服务。

四是收入结构有很大变化。以北方信托银行为例，北方信托银行成立于 1889 年，最初主要在芝加哥经营，目前已经扩展到了 20 多个国家。服务着世界上最高端的客户群体——从主权财富基金和最富有的个人和家庭，

---

① 张杰. 纽约梅隆银行战略转型对中国工商银行资产托管业务发展的启示 [J]. 经营管理者，2014（11）：7 - 8.

② 周闯洋. 纽约梅隆银行商业模式对我国银行转型的启示 [J]. 管理现代化，2012（3）：53 - 55.

到最成功的对冲基金和企业品牌。到 2017 年 9 月 30 日，北方信托公司已经拥有 1310 亿美元的银行资产，资产托管规模达到 7.8 万亿美元，资产托管（管理）着 9.97 万亿美元。在收入结构方面，非息收入已经是净利息收入的 1 倍以上，信托和投资业务是其主要的盈利来源。

表 2 – 9　　　美国北方信托集团 2017 年第三季度合并损益表　　　单位：百万美元

非息收入		
	信托、投资及其他服务费	867.9
	外汇交易收入	49.1
	财务管理费	13.2
	证券佣金和交易收入	21.2
	其他营业收入	40
	证券投资收益	− 0.4
	非息收入总额	991
净利息收入		
	利息收入	453.8
	利息费用	99.6
	净利息收入	354.2
	总收入	1345.20
	信贷损失拨备	− 7
非利息费用		
	薪酬	418.3
	员工福利	74.8
	外部服务费用	172.7
	设备与软件	130.5
	办公房屋	47.3
	其他业务支出	92
	非息支出总额	935.6
	税前利润	416.6
	所得税	118.2
	净利润	298.4

三、结论与启示

从美国中型商业银行的情况可以看出，虽然也存在着企业规模不大，在多个业务领域面临大型银行竞争的情形，但很多中型商业银行都在积极拓展、寻找自身的发展方向。自1999年《金融服务现代化法》生效后，截至2004年底，美国有600多家金融控股公司成立，除了花旗等大型金融机构，甚至包括很多资产不足10亿美元的小型金融机构。美国中型商业银行的创新性更强，硅谷银行在高新技术领域具有非常强的竞争能力，并不惧怕大型银行的竞争。纽约梅隆银行更是在短期内实现了脱胎换骨的变化，彻底剥离了传统商业银行业务，成为资产管理领域的巨头。该企业网站显示，当前托管和管理的资产高达33万亿美元。以上都是众多国际著名金融机构艳羡的业务数据。

不只是美国的中型商业银行综合经营程度较深，很多国家的中型商业银行也表现出了这一趋势。王礼、曹飞（2017）利用英国《银行家》杂志评选的2016年1000家银行数据，分别选取了33家国际商业银行和25家国内商业银行，把银行分为大型银行组（3万亿元以上）、中型银行组（5000亿~3万亿元）和小型银行组（5000亿元以下），通过研究发现国外中型银行普遍在开展综合经营，通过多种形式参股控股证券、保险等业务，有的甚至已经成立了金融控股公司。"国内外中型银行非息收入占比明显要高于小规模机构一个量级，这其中或多或少都借助了集团混业经营的自身优势，部分国外银行的保险业务收入、证券交易手续费、投资咨询费等科目往往占到非息收入的一半以上"[①]。

从宏观环境看，很多国家的资本市场比较发达，企业融资渠道多元，这也为银行丰富业务门类，提供多元服务创造了条件。加上监管情况不同，我国中型商业银行要吸收借鉴领先银行的经验，也要结合本地实际情况，避免东施效颦。当下，我国银行之间高度相似，甚至可以说千行一面，缺乏创新意识，这是我们在未来要调整和改进的重要领域。

---

① 王礼，曹飞. 锚定中小银行转型发展的战略支点——基于欧美日及国内58家银行机构数据的分析 [J]. 中国银行业，2017（4）：69.

第五节　国际银行综合经营的启示

一、银行开展综合经营是时代发展的大势所趋

除德国以外，很多国家都经历了从综合经营到分业经营再到综合经营的发展道路，这一转变过程是利率市场化、政策引导和监管理念变化的产物。从发达国家金融监管体制的变化可以看出，银行综合经营是金融创新的产物。融资形式的变化、国外金融机构的竞争，以及经济社会的发展都推动了金融创新，从而引起银行经营模式的转变。从某种角度讲，金融的发展就是金融创新的过程。正是由于监管部门对金融机构的存款利率有限制，有着各种各样的监管要求，增加了银行的经营成本，从而迫使银行开始寻找新的发展思路和模式。对发达国家而言，金融业已经高度发达，创新难度加大，而连接直接融资和间接融资的结合点还有很多创新机会，这就导致了综合经营的出现①。

1999 年，美国的《金融服务现代化法》允许综合经营主要有两个驱动因素，一是资本市场蓬勃发展，商业银行很难不介入其中。商业银行在创新过程中逐步向证券业渗透，"使商业银行的本源业务——贷款与投资银行的本源业务——证券紧密地连接起来，银行业与证券业的界限开始模糊"②。二是金融机构有追逐利润、削减成本的天然动机。特别是，科技的进步与金融业内控体制机制的完善，加快了金融业综合化发展的步伐。

金融机构的经营实践推动了监管政策的变化。2008 年国际金融危机以后，针对危机成因美国国会开展了调查，组成了由商业、法律、经济、房地产等领域共 50 名专家组成的调查委员会，其发布的《美国金融危机调查报告》把危机的发生归因于监管部门对警示声音的漠视，金融监管的放松，金融机构对冒险行为的错误激励，过度借贷，政府的处理措施前后不一致导致市场恐慌，企业道德规范机制缺失，信用评级机构严重渎职等，并没有把金融机构综合经营列为导致危机发生的因素。"据麦肯锡公司统计，中

---

① 李建. 金融业混业经营的新制度经济学诠释［J］. 特区经济，2005（2）：175.
② 徐晓鹏，武春友. 关于银行业与证券业分业与混业经营的思考——美国的经验与我们的对策［J］. 财经问题研究，2001（7）：55.

小型单一业务银行占了国际金融危机中失败金融机构的绝大多数，在危机最严重的 2008 年和 2009 年，美国 149 家失败金融机构中综合经营集团只有 3 家"①。2008 年国际金融危机后，欧美各国的监管政策调整，不管是沃克尔规则还是围栏原则，都是在零售业务和高风险业务之间构建"防火墙"，提高银行的风险管理能力，而不是限制综合经营。目前，国际大型银行集团、保险集团都是综合经营，都具有多元化的业务结构，可以说综合经营是大型银行和中型商业银行发展的趋势。

二、银行开展综合经营可以有效分散风险

美国在 1999 年出台《金融服务现代化法》后，关于综合经营是否会增加银行风险这一问题一直被广泛提及。有学者认为商业银行必须坚持稳健经营，保证金融秩序稳定，资金来源与资金运用要相互匹配。其他金融业，特别是证券市场是高风险市场，银行涉足会面临较大的风险。银行业是信用中介，证券业是融资中介，保险业提供经济补偿，这是三个相对独立的业态。如果银行从事证券、保险业务产生风险，将会对整个金融体系产生重大冲击。而对我国来讲，迟迟不放开金融机构综合经营的政策限制，也是因为有着深刻的历史教训。改革开放初期，国家非常积极地鼓励"银行要试办各种信托业务"，对银行"跨界"经营持非常开放和支持的态度，但由于相应的监管能力没有跟上，实施效果非常不理想，一度导致金融秩序混乱。

而综合经营的支持者则认为，任何业务都会有风险，是否会产生损失在于经营风险的能力，从历史上看并不能证明分业经营的风险就一定低于综合经营。放开对商业银行的经营限制，有利于银行合理安排资产负债，增加盈利来源，反而分散了风险。对于企业也同样如此，由于银企之间联系更加紧密，消除了不确定性，减少了相互博弈，稳定了未来预期，可以更加专注于企业的长期发展。总之，这些学者认为综合经营让银行对客户的了解更加深入，对于客户和银行都更加有利。

三、协同效应的发挥是综合经营促进银行绩效提升的关键

对于综合经营能否提升经营效益也要理性看待，并不是所有的综合经

---

① 范一飞．实行综合经营是金融业融合创新的必由之路［EB/OL］. http：//finance. ifeng. com/a/20160908/14868736_0. shtml.

营都能促进银行经营绩效的提升。如曾被视为标志性事件的花旗银行并购旅行者集团这一案例中，由于整合后经营效果不佳直接导致花旗银行最终将合并的保险业务剥离。在合并初期，旅行者集团的保险业务被并入了消费金融集团，这是当时花旗银行最为盈利的板块，可见受到的重视程度之高。但花旗银行忽略了保险业务自身的特点，除了保险销售环节外，保险设计、承保、理赔等服务与银行业务差距很大，实现业务一体化难度比较大。后来，花旗银行将保险业务生产环节移至全球资产管理部门，保险成了一个相对独立的服务领域，与银行业务相隔离①。在随后的发展中，花旗银行也逐步认识到保险业务对利润的贡献远没有达到预期。对花旗而言，保险产品的分销是核心资产，而产品设计既不是强项，也不能带来更高回报。因此，2002 年花旗银行退出了旅行者集团的财产险及意外险公司，2005 年把旅行者人寿及年金保险业务出售给了大都会保险。回顾整个合并到拆分出售的过程，我们可以看到，一方面，保险与银行业务在资金运用方式上有很大的不同，保险业需要长期的投入，人才培养周期也比较长；另一方面，花旗银行越来越认识到盲目扩大规模并不是最好的方案，转而去追求发展质量。总体战略从速度优先转变为素质优先。当然"9·11 事件"使财产险业务受到重创等因素也加速了花旗银行剥离保险业务的速度。

关于综合经营是否会提升经营效率，十国集团也曾利用美国银行业的数据进行过分析，研究表明综合经营后银行经营效率并没有显著提升，"2003 年美国排名前 50 的银行控股公司中，混业经营类与未混业经营类相比，前者的资产收益率为 1.99%，较后者的 2.12% 低 0.13 个百分点"②。2008 年国际金融经济危机后，一些银行集团开始拆分亏损业务，将经营重点更加聚焦到核心业务领域。此外，很多金融机构的综合经营要通过并购来实现，而在这一过程中如果不能很好地实现文化融合，兼顾好不同群体的利益，很容易导致业务混乱，甚至元气大伤。"不同金融业务之间风险和收益率的差异也会影响和阻碍跨业并购和综合化经营。在各种金融业务中，保险业的回报率低于银行业，银行和保险公司的并购可能导致金融控股公司的收益率降低。证券业的收益率虽高但风险也相应较大，银行与证券公

① 刘珈彤. 花旗集团银行系保险发展模式研究 [D]. 北京：对外经济贸易大学，2014：17.
② 万峰等. 金融集团监管：国际比较与中国选择 [M]. 北京：中国金融出版社，2013：366.

司的并购会增加银行倒闭的风险"①。所以说，获取综合经营的收益需要金融机构有着较强的经营管理能力，特别是文化整合能力和风险控制能力，在具备这一能力之前，盲目的跨业发展是不可取的。

要实现更高的经济效益，需要金融控股集团实现协同发展，各业务之间实现"1+1>2"的效果。理论上，由于各类金融产品具有强相关性或互补性的特点，因此存在着协同效应的可能性。但协同效应的发挥也是有条件的，存在协同机会并不必然导致协同效应。要想真正产生协同效应，创造出更大的价值，金融机构在综合经营过程中须达到无形资产、智力资源的充分共享和技能技术的有效转移，这种隐含着创新的价值机理是产生协同效应的根源②。

四、综合经营与经济发展水平和监管政策选择密切相关

越来越多的学者认为，分业经营与综合经营的选择是一国对风险与效率的权衡，采取何种经营模式与其发展阶段有着密切的关系。综合经营不仅仅是企业的经营策略，不仅仅影响银行的经营绩效，同时通过资源配置、风险管理等也会对金融稳定和金融体系产生作用，进而影响一国的经济增长，因此政府"必须从宏观经济政策和金融监管政策的高度来理解综合经营，并制定适当的监管措施，有效控制综合经营对经济和金融稳定可能形成的冲击"③。一个国家的监管模式受银行经营模式影响，金融实践对法律体系和监管政策提出挑战，金融监管部门只有进行相应的发展与改革才能确保金融业的稳定与安全。美国次贷危机的发生、深化与监管部门的应对不力有很大关系，在市场繁荣时放松了监管。同时，一个国家法律层面的支撑也必不可少，完善和健全的法律体系是金融业稳健发展的基础，德国全能银行模式的发展就大大得益于《德意志联邦银行法》《银行法》的制度安排，使银行在经营中有法可依、有章可循。

对我国来讲，金融业总体发展水平还不高，金融服务实体经济的能力和水平都非常有限，金融市场不发达，股票和债券是主要的交易对象，金

---

① 黄强．中国金融控股公司发展模式研究——基于效率和风险视角［M］．北京：中国金融出版社，2013：195.

② 徐为山．创造协同效应：国家活跃银行综合经营的经验［J］．国际金融研究，2008（5）：37.

③ 王力，张跃文．金融综合经营、金融体系功能与经济增长［J］．中国城市经济，2006（1）：52.

融衍生品的交易要远低于国际银行同业。"以商业银行为例，在国际大银行通常经营的 22 项综合性业务中，我国银行业已经开办的只有 10 项，主要是一些与商业银行传统功能高度相关的业务。即使在财富管理、私人银行、财务顾问、初级衍生品交易及投资等新型业务上有所涉足，也仅仅处在起步阶段"①。这也是我国受 2008 年国际金融危机冲击不大的一个重要原因。当然，金融体系的稳定与安全怎么强调都不过分，但在稳定的同时又能同时兼顾金融效率，使金融真正能够服务好国民经济发展，这考验着监管部门的监管能力。

我国迟迟没有放开银行综合经营，既是经济发展水平的体现，也与对监管能力的担忧有关，特别是经历了 20 世纪末的混乱局面后，监管部门更愿意以稳为主。只有监管水平能够有效防范金融风险时，国家才有可能放开对银行经营的分业限制。目前还没有放开，但这并不意味着会一直持续下去。从新制度经济学的视角看，综合经营体现了金融市场的内部化，综合经营与分业经营只是经营方式的不同，经营者关注的核心是如何有效控制交易费用和最大化收益水平。相信随着金融开放程度的提高，金融监管体制改革的深化，正式制度和非正式制度的逐步成熟，特别是随着国务院金融稳定发展委员会的成立，金融法律体系的健全，银行综合经营的政策限制有可能会被放开。

---

① 詹向阳，郑艳文. 综合经营的历史和前瞻 [J]. 中国金融，2015（17）：52–55.

第三章　我国商业银行综合经营分析

第一节　我国银行业发展历程简要回顾

一、我国银行体系的建立与完善

中华人民共和国成立后，我国商业银行体系经历了一系列变化。在改革开放以前，我国只有中国人民银行一家金融机构，尽管也存在其他金融机构（如农信社等），但仅仅是形式上的和名义上的[1]。人民银行成立于1948年，当时按照行政区划划分了四级机构，既是中央银行，也承办商业银行业务。改革开放以后，人民银行在1978年从财政部独立出来。1979年3月13日，中国银行从人民银行分设出来；3月30日，中国农业银行总行正式开始办公；同年8月，国务院批准中国人民建设银行（1996年更名为中国建设银行）从财政部独立。1984年1月1日，中国工商银行成立，原由中国人民银行办理的储蓄、信贷等商业银行业务划归中国工商银行办理。四大国有银行设立之初有着非常浓厚的计划经济色彩，它们对应的是工商企业、农业、外汇、基础建设四大领域。随着经济的发展，最初的设想开始发生变化，出现了"农行进城、工行下乡、中行上岸、建行破墙"，专业化色彩逐渐褪去。股份制银行从1986年起开始纷纷建立。上海证券交易所和深圳证券交易所也分别于1990年和1991年建立。到1993年，我国金融体系基本完成了从单一金融机构向多元化金融机构体系的转变，金融市场从无到有，金融业务也逐步扩大和发展。

二、我国银行分业经营模式的确立

20世纪80年代，银行业经营出现了一些现实困难，如银行管理体制僵

---

[1]　张健华. 中国金融体系 [M]. 北京：中国金融出版社，2010：3.

化，缺乏竞争，银行内控意识缺乏，内控制度很不完善。其他金融机构也尚未建立和完善，很多业务都需要借助银行，如银行可以代理发行企业债券转让业务。国家推进金融体制改革的重点主要是把银行办成真正的银行，要打破"打酱油的钱不能打醋"的局面，积极发展证券市场，改变僵化的行政指令分配资金的体制①。由于当时正处在从计划经济向市场经济转轨的过程中，监管部门缺乏经验，法律法规也不健全，银行和证券业之间业务交叠，银行可以办理证券，有的银行设有证券部，或者通过开办信托业务间接进入证券业。当时成立的交通银行，在某种意义上就是综合经营的金融机构，业务范围涉及银行、证券、保险、投资、房地产、租赁、信托等，新成立的中信实业银行也基本类似。

　　我国证券业在 1987 年登上历史舞台，深圳经济特区证券公司于当年成立，初期的证券业利润丰厚，吸引了相当多的商业银行进入，甚至人民银行各级分行也参与其中。除了证券业务，商业银行还可以从事信托、保险等业务，甚至房地产、餐饮等非金融业务，有的银行还违规将信贷资金投资于证券、房地产等领域，当时的监管部门出于对新生证券市场的保护，对资金来源没有进行严格的限制，操纵股价、内幕交易等行为频发，造成了较为严重的通货膨胀和股市房地产泡沫的出现，风险在实体经济和金融领域加速蔓延，国家开始整治"乱设金融机构、乱拆借、乱办金融业务"等行为。

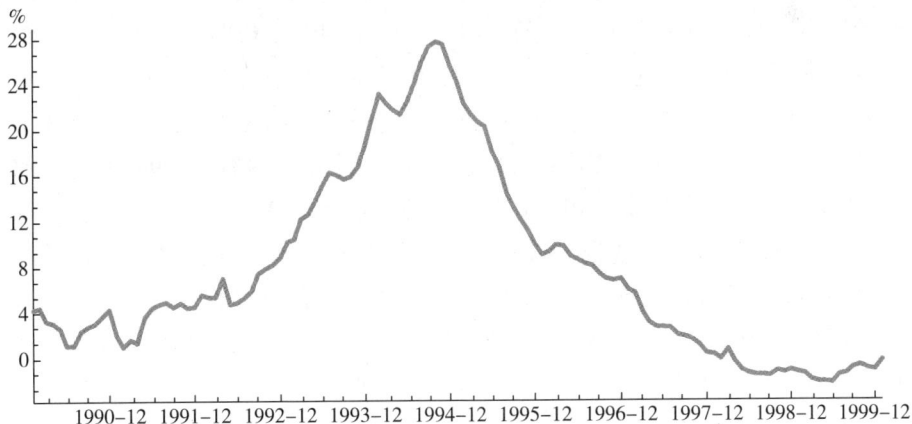

资料来源：Wind 资讯。

图 3 - 1　20 世纪 90 年代我国 CPI 同比变化情况

---

① 夏斌. 由分业混业经营到金融控股公司的思考 [J]. 国际经济评论, 2000（11）: 39 - 40.

在国家层面对银行经营模式的探讨和分析也开始出现，特别是英美等国家的金融改革开始影响我国监管层，当时人民银行内部就开始进行关于分业经营和综合经营的研究，对综合经营的规模经济效应和范围经济效应、投行与商业银行利益冲突、风险交叉传递进行了深入的探讨，鉴于当时人员、管理能力、经验等实际情况，最终选择了分业经营模式。

三、分业经营的法律和监管制度

改革开放以来，我国金融业经历了比较宽松的经营环境，但也导致了20世纪90年代的混乱局面。金融业混乱的局面最终招致国家的整顿，银行被要求不得涉足信托和证券业务，不得从事非自用不动产或向非金融机构投资，裁撤了各商业银行分行设立的信托公司，人民银行各省分行兴办的证券公司独立为省级证券公司。1993年12月，《国务院关于金融体制改革的决定》发布，提出"对保险业、证券业、信托业、银行业实行分业经营、分业管理"。并在第三条中明确规定："国有商业银行不得对非金融企业投资。国有商业银行对保险业、信托业和证券业的投资额，不得超过其资本金的一定比例，并要在计算资本充足率时从其资本额中扣除；在人、财、物等方面要与保险业、信托业和证券业脱钩，实行分业经营。"

此后《商业银行法》《保险法》《证券法》相继从法律上明确了分业经营的原则。如1994年生效的《商业银行法》第四十三条明确规定"商业银行在中华人民共和国境内不得从事信托投资和证券经营业务，不得向非自用不动产投资或者向非银行金融机构和企业投资"，后来修订时，在第四十三条后面增加了"但国家另有规定的除外"的例外内容。1995年颁布的《保险法》规定"保险业和银行业、证券业、信托业实行分业经营、分业管理，保险公司与银行、证券、信托业务机构分别设立。国家另有规定的除外"；1998年颁布的《证券法》也规定："证券业和银行业、信托业、保险业实行分业经营、分业管理，证券公司与银行、信托、保险业务机构分别设立。国家另有规定的除外。"分业经营、分业监管的原则在金融业各类法律中被不断强调。

在监管体系方面，1997年全国金融工作会议决定建立全国统一的证券监管体系，将原由人民银行监管的证券经营机构划归中国证监会统一监管。1998年中国保监会成立，保险监管职能从人民银行中分离出来，2003年中国银监会成立，从此奠定了"一行三会"的主要监管职能分工，我国金融业分业经营、分业监管的制度框架最终建立。

近年来，金融控股公司由于有多张金融牌照，往往具有规避监管、放大杠杆的冲动，渐渐成为一种不稳定因素，加强监管成为近些年的监管基调。对于金融机构发起的金融控股公司，监管部门不断强调要落实管理主体责任，健全风险管理体系，开展对金融业的统一监管。而对于产业型金融控股集团，监管思路更加侧重于防范偏离主业、去实就虚等行为。2017年召开的第五次全国金融工作会议设立了金融稳定发展委员会，旨在强化监管协调能力，提升监管的统一性和穿透性。一些学者型官员，如人民银行研究局局长徐忠就认为，分业监管不适应综合经营的趋势，表现为"两跨界四割裂"，即金融机构跨界扩张、金融业务跨界套利，金融基础设施割裂、金融稳定职能割裂、金融消费者保护割裂、有限的监管资源割裂。在金融业综合化发展趋势不可避免的情况下，要积极推进改革，建立适应发展趋势的金融监管体制。综合经营不是风险之源，美国次贷危机之所以发生更多的是由于碎片化的监管，而不是综合经营。限制综合经营只会产生新的风险，美国的沃克尔规则也是主张推进监管体制改革，而不是通过严刑峻法回到分业经营。

原中国银监会业务创新监管协作部主任李文红也认为，我国当前的"强监管"与欧美国家在国际金融危机后提出的"回归简单、重返主业、风险隔离"的结构性改革是一致的。我国的金融体制从综合经营到分业经营再到总体保持分业经营格局，允许审慎稳步开展综合试点是符合我国实际的，保证了风险隔离与稳健经营。考虑到金融业的公司治理与风险管理体系还不完善，贸然全面开展综合经营具有很大风险，金融机构要根据业务实际和自身条件，按照商业可持续原则，适度开展跨业业务。

从监管部门的讲话和分析可以看出，虽然国家积极推动金融业回归本源，削减同业业务规模，减少金融空转，但对金融综合经营并没有持否认态度，不过很多信息也透露出国家对金融控股集团的监管将会趋严。如2018年，国资委就表态称要限制中央企业开展金融业务，严禁脱离主业单纯做大金融业务。原中国银监会也在2018年银行业监督管理工作会议上强调，清理规范金融控股集团，推动加快出台金融控股公司监管办法。人民银行原行长周小川在2018年两会新闻发布会上再次强调，要制定好金融控股公司的监管规则，要确保资本金真实，避免虚假注资、循环注资等问题，要提高股权结构的透明度，减少关联交易。潘功胜也表示，要落实好行为监管，坚持实质重于形式的原则，强化资本监管，建立并表管理机制，建立好"防火墙"。相信随着更多监管制度的出台，金融业综合经营与金融控股公司的运行将会更加规范，更有助于行业的长远发展。

第二节　我国商业银行综合经营的趋势

随着经济社会的发展，银行业的竞争开始加剧，众多商业银行的发展受到越来越多的挑战。利率市场化的深化导致银行利差减少，盈利能力受到很大影响；日益严格的资本约束使银行业开始放弃规模扩张的传统道路，向"轻资本"转型；直接融资快速发展，银行信贷占社会融资规模的比例一度降至六成左右，企业债券融资比例不断上升；互联网金融爆发式增长，导致银行客户流失。于是，一些银行开始突破分业经营的监管限制，尝试搭建综合化的服务平台，打通货币市场、资本市场和保险市场，扩展服务范围。

一、监管政策的调整

在监管法规方面，国家在一定程度上放松了分业经营、分业监管的力度，开始推进金融业综合化发展。

（一）银行中间业务

中国人民银行在 2001 年颁布《商业银行中间业务暂行规定》，其中规定中间业务是指"不构成商业银行表内资产、表内负债，形成银行非息收入的业务"。中间业务大致可以分为两大类，"一是不会形成或有资产、或有负债的业务。商业银行以中间人而非信用活动一方的身份出现，依托业务、技术、机构、信誉和人才等优势为客户提供服务。二是可能形成或有资产、或有负债的业务。商业银行在办理这类业务时，面临潜在的资产负债风险，这种潜在风险随时可能转化为现实的资产负债风险"。虽然这一暂行规定在 2008 年被废止，但对商业银行开展中间业务提供了很好的指导作用。2003 年，中国人民银行发布《关于印发〈商业银行中间业务统计制度〉的通知》，把中间业务统计口径归纳为国内支付结算、国际支付结算、银行卡、代理、担保及承诺、交易、托管、咨询顾问、其他类共九大类。

（二）银行涉足证券业务

1998 年和 1999 年，人民银行先后批准部分保险公司和券商进入银行间同业拆借市场，从某种程度上可以认为是银行资金开始进入资本市场。2000 年，《证券公司股票质押贷款管理办法》发布，证券公司可以用自营股票向银行进行融资。当时证券公司普遍资金实力有限，融资渠道缺乏，只有股权融资、国债回购和同业拆借等形式，但融资规模有限。股票质押贷款的开放，为信贷资金合理进入资本市场进行了初步探索，也在货币市场和资本市场之间搭建了一座桥梁，对于我国提升货币政策有效性也有一定帮助。除了融资业务外，商业银行还为证券机构提供客户资金第三方存管业务和银证转账业务，证券公司与商业银行在资产证券化等方面也有着非常深入的合作。

（三）银行涉足基金业务

2000 年 10 月，证监会发布《开放式证券投资基金试点办法》，其中第十八条规定："商业银行以及经中国证监会认定的其他机构可以接受基金管理人的委托，办理开放式基金单位的认购、申购和赎回业务"，商业银行开始被允许经办开放式基金的认购、申购和赎回业务。同时第二十三条还规定，基金管理人可以向商业银行申请短期融资，这也为商业银行间接进入资本市场创造了条件。

2005 年 2 月《商业银行设立基金管理公司试点管理办法》出台，允许商业银行设立基金管理公司，并规定商业银行要建立良好的公司治理结构，严格按照"法人分业"的原则，与其出资设立的基金管理公司之间建立有效的风险隔离制度。同年，人民银行发布《短期融资券管理办法》，允许商业银行承销企业融资券。后被废止并被 2008 年发布的《银行间债券市场非金融企业债务融资工具管理办法》代替。

2014 年《私募投资基金管理人登记和基金备案办法（试行）》出台，一些银行开始进入私募投资基金领域。虽然目前还没有出台更加细化的规则要求，但一些银行已经在积极申请备案登记。2018 年 7 月，《商业银行理财业务监督管理办法（征求意见稿）》发布，禁止银行理财产品投资于非金融机构发行的私募基金，但是金融资产投资公司的附属机构依法依规设立的私募股权投资基金以及国务院银行业监督管理机构另有规定的除外。

（四）银行涉足金融租赁业务

2007 年 2 月《金融租赁公司管理办法》颁布，商业银行设立金融租赁公司有了政策依据，而后在 2014 年进行了修订完善，明确"金融租赁公司的发起人包括在中国境内外注册的具有独立法人资格的商业银行，在中国境内注册的、主营业务为制造适合融资租赁交易产品的大型企业，在中国境外注册的融资租赁公司以及银监会认可的其他发起人"。目前，已有众多商业银行设立了金融租赁公司。

（五）银行涉足保险业务

2009 年 11 月《商业银行投资保险公司股权试点管理办法》颁布，开启了银保合作的新模式，同时为规避风险，其中规定每家商业银行只能投资一家保险公司，虽然没有规定最高持股比例，但根据保险业的相关法规，一家股东的最高持股比例为 20%。

（六）银行涉足信托业务

2008 年《银行与信托公司业务合作指引》发布，意味着银行理财资金可以通过信托发放贷款。在合作过程中，商业银行可以规避 75% 存贷比的约束，将表内资产转到表外，迅速做大规模，而信托公司则利用通道坐享牌照红利。监管的放松使信托业务获得大发展，信托业资产规模快速扩张。2010 年《关于规范银信理财合作业务有关事项的通知》发布，要求信托公司融资类业务余额占银信理财合作业务余额的比例不得高于 30%。

（七）银行涉足股权投资

2016 年 4 月，人民银行等三部门联合下发《关于支持银行业金融机构加大创新力度 开展科创企业投贷联动试点的指导意见》，允许在包括北京中关村、上海张江等 5 个国家自主创新示范区内开展投贷联动业务试点，首批试点机构包括 10 家银行。

表 3-1　　　　　中国金融业经营体制变迁过程及标志性事件

阶段	时间	事件	法律法规及监管文件
银行独大	1948 年	中国人民银行成立并建立总行、区行、分行、支行四级机构	
	1953 年	确立与计划经济相适应的"大一统"银行体系	
综合经营	1978 年	中国国际信托投资公司成立，独立经营中国信托业务	
	1980 年	中国人民保险公司恢复运营，银行、信托、保险经营格局形成，但并无分业或混业的法律规范	
	1986 年	国有银行陆续经营证券、信托、保险业务	

续表

阶段	时间	事件	法律法规及监管文件
综合经营	1987 年	企业债券可以 "委托银行或其他金融机构代理发行"；经中国人民银行批准，各专业银行和其他金融机构可以经办企业债券转让业务	《企业债券管理暂行条例》
回归分业	1993 年	保险业、证券业和银行业等金融子行业实行分业经营	《关于金融体制改革的决定》
	1995 年	商业银行不得从事信托投资和股票业务，不得投资非自用不动产	《商业银行法》
	1995 年	证券业和银行业、信托业、保险业分业经营、分业管理。证券公司与银行、信托、保险业务机构分别设立	《证券法》
综合经营	1999 年	允许符合条件的证券公司和基金公司进入银行间同业市场，办理同业拆借和债券回购业务	《证券公司进入银行间同业市场管理规定》《基金公司进入银行间同业市场管理规定》
	2001 年	允许商业银行从事资本市场边缘业务	《商业银行中间业务暂行规定》
	2004 年	允许保险机构直接投资股票市场	《保险机构投资者股票投资管理暂行办法》
	2005 年	允许商业银行建立基金子公司	《商业银行设立基金管理公司试点管理办法》
	2005 年	允许银行承销短期融资券	《短期融资券管理办法》
	2007 年	商业银行可以进入金融租赁行业	《金融租赁公司管理办法》
	2007 年	银行业、证券业和保险业的 QDII 政策全部出台	《保险资金境外投资管理暂行办法》
	2008 年	银行承销非金融企业债务融资工具	《银行间债券市场非金融企业债务融资工具管理办法》
	2009 年	试点商业银行投资保险公司股权	《商业银行投资保险公司股权试点管理办法》
	2010 年	允许保险公司直接或者间接投资企业股权	《保险资金投资股权暂行办法》

阶段	时间	事件	法律法规及监管文件
综合经营	2011 年	拓宽证券公司融资融券业务资金和证券来源	《转融通业务监督管理办法》
	2011 年	允许信托公司参与股指期货交易业务	《信托公司参与股指期货交易业务指引》
	2012 年	期货公司：期货资产管理业务放开	《期货公司资产管理业务试点办法》
	2012 年	证券公司：定向资管计划允许由客户和证券公司资源协商，合同约定投资范围	《证券公司资产管理业务试点办法（征求意见稿)》
	2012 年	保险公司：资管投资范围增加商业银行和保险公司可转换债券和混合资本债券，可投资金融衍生品，进一步放宽直接股权投资领域	《关于保险资产管理公司有关事项的通知》
	2012 年	基金公司：专项资产计划投资领域扩展至非上市股权、债权和收益权等实体资产	《基金管理公司特定客户资产管理业务试点办法（征求意见稿)》
	2012 年	拓宽保险资金直接投资股权的范围	《保险资金投资股权暂行办法》
	2013 年	银行将不再需要借用信托、券商等非银机构，通过资管计划直接主导非标资产向标准资产转化。首批 11 家商业银行获准参与"银行资产"管理计划与"债权直接融资工具"	
	2013 年	允许保险公司设立基金管理公司	《保险机构投资设立基金管理公司试点办法》
	2014 年	修订《金融租赁公司管理办法》	《金融租赁公司管理办法》
	2014 年	商业银行申请设立私募股权投资基金	《私募投资基金管理人登记和基金备案办法（试行)》
	2014 年	拓宽保险机构直接投资股票市场的范围和比例	《保险机构投资者股票投资管理暂行办法》

续表

阶段	时间	事件	法律法规及监管文件
综合经营	2014 年	对银行金融集团实施并表管理，以适应银行集团多元化经营趋势	《商业银行并表管理与监管指引》
	2015 年	放宽保险资金投资蓝筹股票监管比例	《关于提高保险资金投资蓝筹股票监管比例有关事项的通知》
	2015 年	允许保险资金设立私募基金	《关于设立保险私募基金有关事项的通知》
	2016 年	试点商业银行投贷联动	《关于支持银行业金融机构加大创新力度开展科创企业投贷联动试点的指导意见》

　　资料来源：民生证券研究院报告《金融新常态：混业经营大时代》；马鲲鹏、谭卓：《宏观审慎监管系列报告之四——混业经营下的中国金融监管体制改革》。

　　目前，我国监管部门对金融创新一直持支持的态度，鼓励银行业金融机构积极开展产品和服务创新，服务好企业与居民的金融需求。如 2016 年政府工作报告就提出要"启动投贷联动试点"；2016 年 7 月，中共中央、国务院发布《关于深化投融资体制改革的意见》，提出要"支持有真实经济活动支撑的资产证券化，盘活存量资产，优化金融资源配置"，鼓励"开展金融机构以适当方式依法持有企业股权的试点"。可以看出，中央为金融机构突破传统业务释放了一定的政策空间，希望通过体制机制创新，引导金融机构更好地服务和支持实体经济的发展。2017 年，在全国银行业监督管理工作会议上，中国银监会提出"着力探索创新创业金融服务新模式。继续积极稳妥、有序推进投贷联动试点工作，全力协助试点银行机构设立投资功能子公司，适时扩大试点范围"。

　　在 2018 年《"十三五"现代金融体系规划》中，国家明确提出要在严格监管前提下审慎有序进行金融综合经营试点。引导金融机构服务实体、突出主业、内部分业、风险可控。强化战略和业务协同，优化业务结构，探索特色经营模式，提高综合经营的质量。严格限制和规范金融机构多牌照经营，非主业金融业务必须符合严格的准入条件，实行子公司法人制，实施更高的资本要求、组织复杂度、市场集中度、交易透明度、业务关联度等监管。

二、金融强监管后的政策趋势变化

随着国家对防范化解金融风险重视程度的提高，特别是 2017 年全国金融工作会议后，有关金融业发展的新的政策法规陆续出台，对金融综合经营产生了一定影响。

（一）资产管理业务新规的出台

截至 2017 年末，我国金融机构资产管理业务规模达到百万亿元，其中银行表外理财 22.2 万亿元，信托余额 21.19 万亿元，公募基金、私募基金、证券资管计划、基金及其子公司资管计划都超过了 10 万亿元，此外，保险资管、非金融机构开展的资管业务也都达到了一定规模。资管业务对满足居民和企业金融需求、优化社会融资结构、增强金融机构盈利水平发挥了积极作用，但业务发展不规范、多层嵌套、刚性兑付、规避金融监管和宏观调控等问题也比较突出。因此，2018 年 4 月，中国人民银行、银保监会、中国证监会和国家外汇管理局联合发布了《关于规范金融机构资产管理业务的指导意见》（以下简称《意见》），产品监管标准的统一，金融监管的公平公允，削减了监管套利空间，确保业务健康发展，真正服务好实体经济。

《意见》明确了资管业务的范围，只有银行、信托、证券、基金、期货、保险资产管理机构、金融资产投资公司等金融机构可以从事资管业务。私募基金适用其专门的法规，如果没有明确规定的，也可以适用《意见》的相关要求。按照"未经批准不得从事金融业务，金融业务必须接受金融监管"的理念，非金融机构是不可以从事资管业务的。资管产品的分类有两个维度，从资金来源端看，可分为公募产品和私募产品；从资金运用端看，可分为固收类、权益类、商品及金融衍生品类、混合类四大类。

《意见》进一步明确了标准化债权类资产的条件；对公募产品的信息披露有了清晰的规定；对于主营业务不是资产管理业务的金融机构，明确要设立专门资产管理子公司来开展业务；要为每只产品单独建账、单独核算，不得开展具有滚动发行、集合运作、分离定价特征的资金池业务；明确了刚性兑付的行为以及违反后的处罚；规范嵌套层级，资管产品可以再投资一层资管产品，但所投资的产品不得再次投资除公募基金以外的产品；在资管业务的监管方面，坚持机构监管与功能监管相结合，实行穿透式监管（向上识别投资者，向下识别底层资产），强化宏观审慎监管，加强全面动态监管。

对商业银行来讲，随着资管新规的落地，理财对传统存款的分流将会消失，银行将会通过结构化存款、大额存单等产品来承接这些投资资金。在资金运用方面，会有一些融资需求"将依靠表内信贷来对接，会对银行资本金造成压力，影响资本充足率"①。资管新规的出台，意味着"滚动发行、集合运作、分离定价"盈利模式的终结。未来，商业银行应主动推进经营转型，"应提前储备相应的人才，深入研究证券、股票等标准化产品，提升对大类资产市场走势的研判能力，并全面提升产品创设能力、投资研究能力、风险控制能力及流动性管理等主动管理能力"②。有条件的商业银行，应当尽早设立资产管理子公司，独立开展资产管理业务，有效隔离风险。银行在应对资管新规时也要注意发挥好自身特色，虽然投研能力还相对较弱，但客户规模庞大，综合化服务能力强，这也是其他金融机构所不具备的比较优势。

（二）关于金融机构股权管理的政策变化

为了规范金融机构的股权结构、股东资质，避免违规使用非自有资金入股、代持股份、滥用股东权利损害银行利益等行为，原银监会、原保监会、证监会分别发布了《商业银行股权管理暂行办法》（银监会令〔2018〕1号）、《保险公司股权管理办法》（保监会令〔2018〕5号）、《证券公司股权管理规定（征求意见稿）》。从三份文件体现的精神看，监管机构对金融机构具有控制权股东的资质提出了更高的要求，要求控股股东具有较高的净资产，盈利能力较为突出，具备对金融机构持续补充资本的能力，同时要求金融机构与股东之间建立起"防火墙"，避免风险在股东、金融机构和关联机构间传染和转移。

银证保三家监管机构按照股东持股数量和影响力大小将其划分为多个类别。商业银行的股东被划分为3类，证券公司和保险公司的股东被划分为4类。对于商业银行股东，可以分为：持有1%以下股权的股东，持有1%至5%股权的股东，主要股东（持有或控制商业银行5%以上股份或表决权或持有资本总额或股份总额不足5%但对商业银行经营管理有重大影响的股东）；对于证券公司股东，可以分为：持有证券公司5%以下股权的股东，

---

① 胡建忠. 资管新规过渡期商业银行应该做什么 [N]. 中国城乡金融报, 2018 – 06 – 07 (A7).

② 胡建忠. 资管新规过渡期商业银行应该做什么 [N]. 中国城乡金融报, 2018 – 06 – 07 (A7).

持有证券公司5%以上股权的股东，主要股东（持有证券公司25%以上股权的股东或者持有5%以上股权的第一大股东），控股股东（持有证券公司50%以上股权的股东或者虽然持股比例不足50%但其所享有的表决权足以对证券公司股东（大）会的决议产生重大影响的股东）；对于保险公司股东，可以分为：财务Ⅰ类股东（持股比例＜5%），财务Ⅱ类股东（5%≤持股比例＜15%），战略类股东（持股比例15%以上但不足三分之一或其出资额、持有的股份所享有的表决权已足以对保险公司股东（大）会的决议产生重大影响的股东），控制类股东（持股比例三分之一以上或其出资额、持有的股份所享有的表决权已足以对保险公司股东（大）会的决议产生控制性影响的股东）。

在对金融机构股权监管方面，银证保三类金融监管机构都明确要求采取穿透原则，对主要股东及其关联方、一致性行动人、最终受益人的审查、识别和认定，不得规避股东资格审查和接受监管，禁止股东委托他人持有金融机构股权。股东入股资金的来源必须为自有资金，不得以债务资金、委托资金入股。银证保三类金融机构股东入股金融机构都采用了"两参一控"的要求，即参股两家同一类型的机构，或者控股一家同一类型的机构。

关于银证保金融机构股东要求的进一步明确，使商业银行开展综合经营有了较为明确的依法根据，有助于合规经营，但也提高了银行综合经营的门槛。如在《证券公司股权管理规定（征求意见稿）》中明确，证券公司控股股东的门槛提高到净资产1000亿元，如果最终成为正式文件的要求，那么除了几家大型国有银行，很多中小商业银行都很难达到。此外，对于证券公司的主要股东、控股股东，监管部门要求具备一定的专业性：是行业龙头企业，具备对证券公司持续的资本补充能力。在保险公司采用增资方式解决偿付能力不足时，保险公司股东也要履行增资义务。总之，这些关于股权管理的要求进一步升级，使中小银行实现综合经营的难度和成本大大提升。

（三）加强对产融结合的规范

一直以来，我国实体经济对投资金融企业都比较感兴趣，对金融企业充实资本，改善股权结构有着很大的帮助，但是由于一些企业过多地聚焦于金融业，使自身的主营业务发展停滞，杠杆率偏高，甚至虚假注资、循环注资，使金融机构资本金不实。为了规范非金融企业投资金融企业的行为，有效防范风险传递，"一行两会"在2018年4月联合发布了《关于加强非金融企业投资金融机构监管的指导意见》，对非金融企业投资设定了一些基本原则，如要紧紧围绕自身主业发展需要，避免盲目扩张，要控制好杠杆率；对于一般的财务投资，不做过多的限制，但对主要股东，特别是控股股东要严格监管，建立起规范股东资质、资金来源真实性、公司治理、关联交易等监管制度；支持金融机构股权多元化，完善公司治理。

2018 年 6 月 30 日，中共中央、国务院发布《关于完善国有金融资本管理的指导意见》，明确要求要规范金融综合经营，依法合规开展股权投资，严禁国有金融企业凭借资金优势控制非金融企业，同时也要按照金融行业准入条件，严格限制和规范非金融企业投资参股国有金融企业。从 2018 年上半年连续出台的监管文件可以看出，我国在持续加强金融监管，规范金融市场行为，通过完善法制法规有效隔离实业和金融业风险，同时也在注重激发市场活力，使非金融企业和金融机构良性互动发展。

三、商业银行的综合化发展

国有银行在综合经营方面一直处于领先地位。以建设银行为例，2004 年建设银行第一家子公司——建银国际在香港成立；2012 年，确立"综合化、多功能、集约化"的战略定位；2014 年，进一步将"综合化经营、多功能服务、集约化发展、创新型银行和智慧型银行"纳入建设银行 CCB2020 转型发展规划。"到目前为止，建设银行非银行金融牌照已覆盖了基金、租赁、信托、寿险、住房储蓄、期货、财险、境外投行、养老金管理和造价咨询十大行业，牌照种类领先同业，跨市场、跨行业、跨区域的综合金融服务功能基本齐全"[①]。子公司的发展推动了子母公司的业务联动，相互代销、推荐客户，资产管理协作等业务合作不断深化。除了建设银行，其他国有银行都在积极开展多元化经营。

金融机构综合化发展的方向与取得协同效应，弥补业务短板密切相关。银行如果希望通过资产证券化、资产重组来调整资产负债结构，那么就一定会对收购或设立投资银行感兴趣；如果希望最大化其渠道优势，那么一定会积极设立基金或保险公司。对证券公司来讲，加强与银行的合作也非常具有吸引力。证券公司开展上市公司承销、充当财务顾问、从事证券自营和扩张经纪业务，这些都有着非常多的资金和客户需求，这恰恰是银行

---

① 李丹. 建设银行加快综合化经营步伐：走活转型"先手棋"［J］. 中国金融家，2017（2）：65 - 66.

的优势。证券公司资本金普遍不高，即便到了 2017 年末，全国证券公司的净资本仍不足商业银行的十分之一，现有的融资方式很难满足，如果能够加强与银行的合作，乃至建立起相互持股公司或者作为银行的子公司，这对证券业的发展很有好处；保险公司如果对资金运作的效率比较看重，那么一般会积极寻求进入证券业，如果受制于销售渠道狭窄，将会更加倾向于收购商业银行①。

（一）银行系基金公司

截至 2017 年末，我国公募基金公司数量已经达到 113 家，管理资产规模达到 12.17 万亿元。从 2005 年首批设立的工银瑞信基金、交银施罗德基金、建信基金等第一批银行系基金公司开始，到目前已经有 15 家银行系基金公司成立，一些没有成立基金公司的银行也在跃跃欲试。

表 3 – 2 15 家银行系基金公司及大股东背景

序号	基金公司	大股东背景	序号	基金公司	大股东背景
1	工银瑞信基金	中国工商银行	9	上银基金	上海银行
2	建信基金	中国建设银行	10	浦银安盛基金	浦发银行
3	招商基金	招商银行	11	中加基金	北京银行
4	中银基金	中国银行	12	鑫元基金	南京银行
5	兴业基金	兴业银行	13	永赢基金	宁波银行
6	农银汇理基金	中国农业银行	14	恒生前海基金	香港恒生银行
7	交银施罗德基金	交通银行	15	中欧基金	意大利意联银行
8	民生加银基金	中国民生银行			

尽管银行系基金公司数量不多，仅占行业的十分之一左右，但管理的资产规模基本上已占到了基金业的四分之一。工银瑞信基金是最早一批银行系基金公司，依托工商银行强大的销售能力和自身的专业水平，目前已经成长为银行系基金公司中最大的一家。截至 2017 年末，工银瑞信（含子公司）旗下管理逾 100 只公募基金和多个年金、专户组合，资产管理总规模逾 1.2 万亿元。工银瑞信基金的公募基金规模排第三位，仅次于天弘基金和易方达基金。银行系基金公司在利润方面的表现也很突出，一些公司的年度利润已在 10 亿元左右。当然，一些后期成立的银行系基金公司，特别是区

---

① 吴晓灵．金融综合经营趋势——中国金融控股公司模式选择 ［J］．科学决策，2004（9）：8．

域性银行成立的基金公司体量规模还比较小，盈利能力还没有得到体现。

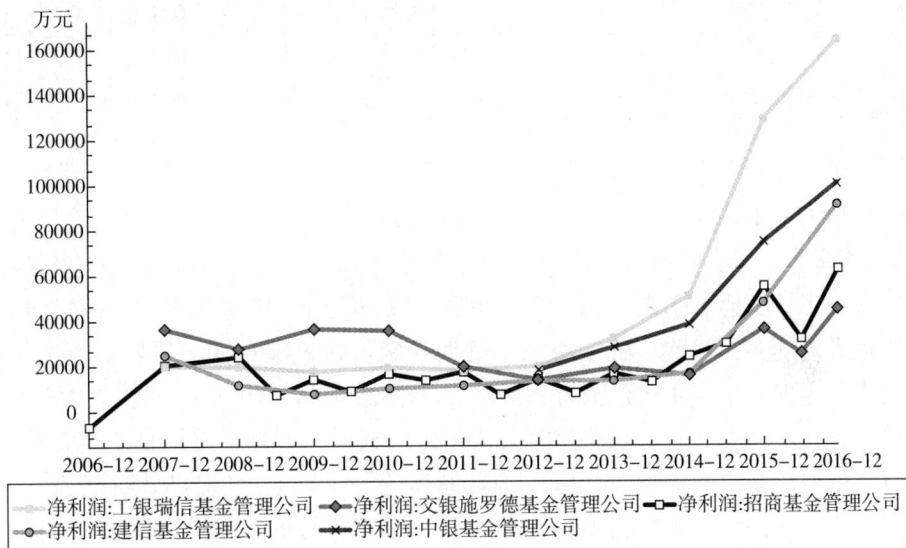

图3-2　部分银行系基金公司净利润增长情况

资料来源：Wind 资讯。

（二）银行系保险公司

从 20 世纪 80 年代开始，银行和保险业出现了融合发展的趋势，寿险产品的储蓄性质被市场广泛接受，银行保险在欧洲取得了成功，银行和保险从外部合作，逐步演进为相互渗透，乃至形成战略联盟。同时在银行综合化发展的过程中，保险业务被认为是综合经营的突破口。从全球保险业发展看，我国仍处在初期发展阶段，我国保险市场，特别是寿险市场是一片蓝海。"新国十条"出台后，发展现代保险服务业已经上升为国家战略。行业定位的变化，意味着人们对保险的认识和接受度将大幅提升。特别是随着中产阶级这一重要客群的崛起，以及老龄化趋势形成的保险需求，未来我国保险行业必将迎来一个快速发展期，这对商业银行来讲，吸引力还是非常大的。

表3-3　　　　　　　　　主要国家保险发展情况

国别	保险深度	保险密度
中国	4.16%	346.78 美元
美国	7.3%	4017 美元

国别	保险深度	保险密度
日本	10.8%	4207 美元
英国	10.6%	4823 美元
法国	9.1%	3902 美元

根据原中国保监会公布的数据，截至 2017 年末，中资财产险保险公司有 63 家，中资人身保险公司有 58 家。在保险领域，银行系保险公司有建信人寿、工银安盛、中银三星、交银康联、农银人寿、中邮人寿、招商信诺、中荷人寿等多家机构，各主要大中型商业银行纷纷涉足保险领域。不过与国寿、人保、平安相比，银行系险企基本都属于第二集团，总体实力还很难排到行业前列。对银行系保险公司来讲，银行的销售渠道是非常重要的，母银行渠道获得的保费收入基本都在总体的一半以上。但与母银行的合作还不止于此，像工银安盛就提出要加强与工商银行的合作，以实现"资产管理一体化、产品研发一体化、营销服务一体化、人才队伍一体化"的目标，除了销售渠道，合作领域扩展的范围也很广阔。

(三) 银行系信托公司

信托公司横跨货币市场、资本市场和实业投资，可以从事除存款、保险和期货以外的几乎所有金融业务，具有多层次、多领域、多渠道配置资源的独特优势。商业银行对信托业的兴趣一直比较浓厚，但监管层对信托牌照的发放态度却十分谨慎，因此到目前为止持有信托牌照的商业银行仅有四家，分别是持有建信信托的建设银行、持有上海信托的浦发银行、持有兴业信托的兴业银行、持有交银信托的交通银行。在银行系信托中，建信信托、兴业信托所管理的信托资产都超过 1 万亿元。2017 年，四家银行系信托公司共实现营业收入 106.43 亿元，实现净利润 58.56 亿元。在盈利排名方面，建信信托排名最高，交银信托排名最后，兴业信托和上海信托居中。在投资收益方面，建信信托与兴业信托排位靠前且实力相当，2017年投资收益均超过 8 亿元，在 62 家信托公司总排名中，分别位列第 11 名和第 12 名，属于中上水平。

在商业银行与信托业的合作中，比较常规的做法是信托公司充当投资管理人，银行则扮演代理收付人和信托资产托管的角色。但随着双方合作的深入，银行的业务范围也有了一定的突破，如开始承诺回购，发放受益权质押贷款等，也有的银行开始承担信用担保人、账户管理人、资金输出方等角色。银行与信托业的大规模合作始于 2008 年的"四万亿"经济刺激计划，原中国银监会于当年印发了《银行与信托公司业务合作指引》，银行理财资金开始通过信托发放贷款。但在实际运行过程中，一些问题开始暴露出来，如银行借道信托通道，规避存贷比监管红线，信托公司仅仅提供通道坐享牌照红利。2010 年，监管部门下发通知规范银信理财业务合作，银信通道业务开始从融资类业务转向事务管理类业务。2014 年，原中国银监会出台《关于信托公司风险监管的指导意见》，理清权利义务关系，但由于银信双方开展通道业务时一般会有抽屉协议，因此原中国银监会的指导意见并没有对业务发展产生实质影响。在 2017 年"三三四十"系列专项治理行动中，银信合作成为治理重点，在《关于规范银信类业务的通知》中，明确要求信托公司不得接受委托银行直接或间接提供的担保，禁止双方签署抽屉协议，信托公司不得为银行提供规避监管的通道服务。

（四）银行系证券公司

银行与证券业务受到较为严格的区隔，但国内很多证券公司除了来源于地方财政部门、金融集团、私营企业设立外，一个重要来源就是从原来的银行证券部独立出来。可以说，早期的证券公司很多都来自原来的商业银行。如海通证券最早就是交通银行的证券部门，20 世纪 90 年代初为了整顿混乱的金融秩序，金融业开始分业经营。著名的中金公司最初也是由建设银行与摩根士丹利筹建的，直到 2010 年建设银行才把持有的中金股份划归汇金公司。后来国有银行为了规避相关法律法规的限制，先后在香港设立了工银国际、建银国际等投行机构，成为其综合经营的重要方向。

当前，除了国家开发银行设立国开证券外，工商银行、农业银行、中国银行、建设银行、交通银行、招商银行、民生银行、兴业银行 8 家银行均拥有证券业子公司，除了中银国际证券、华福证券、华英证券可做内地业务外，其余 5 家银行的券商业务范围都在香港。

表 3 - 4　　　　　　　　商业银行持有证券牌照情况

银行名称	持有方式	证券公司
国家开发银行	直接持有	国开证券
工商银行	工银国际持有	工银国际证券
农业银行	农银国际持有	农银国际证券

续表

银行名称	持有方式	证券公司
中国银行	中银国际持有	中银国际证券
建设银行	建银国际持有	建银国际证券
交通银行	交银国际持有	华英证券
招商银行	永隆银行	永隆证券
兴业银行	兴业信托持有及代持	华福证券
民生银行	民银国际持有	华富国际

虽然放开了银行进入基金子公司、保险等行业的限制，但我国监管部门对银行持有证券牌照一直都持比较谨慎的态度。近些年，证监会积极推进建立进退有据的牌照管理制度，但对银行持有券商牌照这一问题一直没有表现出支持的态度。未来，随着金融业融合发展的深化，银行获得券商牌照的可能性较大，但是初期能够从事的可能还是以证券经纪、IPO 保荐等不涉及资金的业务为主，而股票自营、做市商等业务在防火墙制度完善以前很难被放开。

四、主要金融牌照的发放情况

在我国的金融体系中，主要有银行类金融机构、证券类金融机构、保险类金融机构，以及其他非银行金融机构，如信托、金融租赁、汽车金融、财务公司、货币经纪公司、金融资产管理公司等。当前，我国金融业主要还是采用牌照管理，强调金融机构要持照经营，通过牌照发放，做好机构的准入与退出。拥有金融牌照审批权限的主要是"一行两会"和商务部、金融办等相关政府部门。金融牌照除了银行、证券、保险等七个主要牌照，还有第三方支付、典当、小额贷款公司等牌照。

表 3 - 5　　　　　　　　　主要金融牌照发放情况

牌照	数量（家）	监管部门	最初发放时间	主要业务
银行	773	银保监会	—	存贷款、中间业务
券商	111	证监会	1988 年	证券承销与保荐、经纪、证券投资活动等
保险	135	银保监会	1988 年	财险、寿险、万能险
信托	71	银保监会	1984 年	各类信托业务

续表

牌照	数量（家）	监管部门	最初发放时间	主要业务
公募基金	95	证监会	1998 年	公募基金、机构业务
基金子公司	248	证监会	2012 年 11 月	类信托业务
基金销售	248	证监会	2001 年	发售基金份额
基金销售支付	22	证监会	2010 年 5 月	基金销售支付结算业务
金融租赁	66	银保监会	1986 年	融资租赁
融资租赁	1324	商务部	2006	外商、内资融资租赁
期货	161	证监会	1993 年	期货交易
第三方支付	269	人民银行	2011 年 5 月	网络支付、预付卡发行与受理、银行卡收单
典当	8050①	商务部	1987 年	典当业务
小额贷款公司	8910②	省级金融办	—	小额贷款

金融业有着其显著的特性，牌照管理是重要的管理方式。监管部门也在强调，"坚持金融是特许经营行业，不得无证经营或超范围经营"③。对希望综合经营的银行来讲，申领牌照是开展业务的前提，因此在确定综合化方向的过程中要对牌照获取的难度有一个预估，特别是对于已经严格控制的领域，如果申请获取的难度太大，通过并购的方式收购现有牌照不失为一种高效而可行的方案。

第三节 我国金融控股集团发展概况

随着金融业开放步伐的加快，金融业综合经营的趋势开始形成，金融业综合经营过程中一个非常重要的模式——金融控股集团开始出现。"据不完全统计，在我国工商系统中注册的名称中包含'金融控股'字样的公司

---

① 数据截至 2015 年末，数据来源于全国典当行业监管信息系统。
② 数据截至 2015 年末，人民银行发布。
③ 周小川. 守住不发生系统性金融风险的底线（认真学习宣传贯彻党的十九大精神）［N］. 人民日报，2017 – 11 – 22（6）.

超过80万家。但事实上，经国务院批准、允许使用'金融控股'名称的只有银河金融控股公司一家，列入金融控股集团试点的，也只有中信集团、光大集团和平安集团"①。

结合普华永道的研究，我们将金融控股集团在我国的发展归纳总结为五个阶段：自2002年国务院批准综合经营集团试点开始，金融控股集团的发展进入个别试点阶段；2005年前后进入快速发展阶段，隶属于大型央企的金融控股集团纷纷建立，一些大型国有银行也开始了综合经营的布局；2008年开始，金融控股集团迎来全面发展阶段，上市企业和大型民营企业开始进入这一领域；2013年开始，像蚂蚁金服这样的互联网企业开始组建金控平台，同时随着监管趋严，民营金融控股集团开始收缩业务，行业进入融合发展阶段；最后一个阶段是规范发展阶段，2017年开始，由于中央和监管机构明确提出要清理规范金融控股公司，一些"野蛮生长"的金融控股集团开始收缩战线，战略性退出一些金融业务。

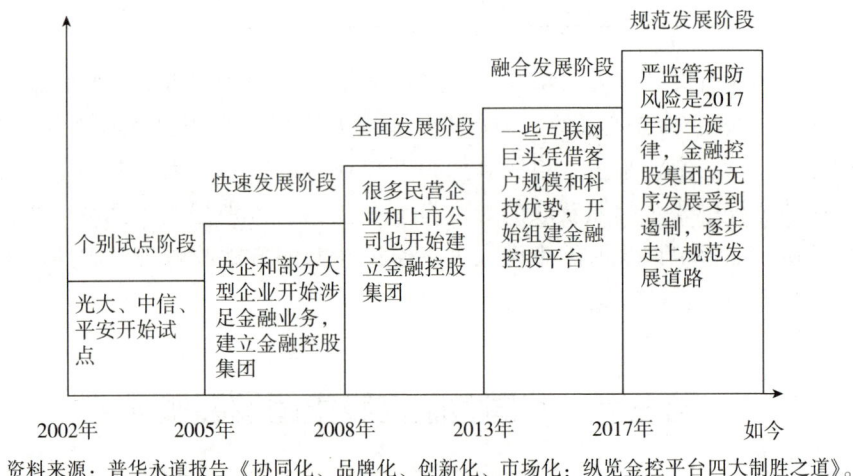

资料来源：普华永道报告《协同化、品牌化、创新化、市场化：纵览金控平台四大制胜之道》。

图3-3 我国金融控股集团发展变化情况

一、银行系金融控股集团

商业银行在20世纪末改制以后，经营发展走上正轨，也逐步开启了综合化发展之路，银行主导的金融控股集团开始出现。虽然还没有明确的政策支持，但以银行为母体的金融控股集团已经形成规模，并在国民经济中

---

① 王毅. 当前中国金融体系发展思考 [J]. 中国金融，2018（12）：25.

发挥着重要作用。国有银行的综合化发展一直走在银行业前列,几家国有银行基本上都已经完成了综合化发展的布局,金融牌照门类都比较齐全。银行系金融控股集团主要以银行为核心平台,通过新设、并购、参股等形式参与各类非银行金融业务,充分发挥银行的客户、品牌、渠道等优势,形成发展合力。在这一过程中,国有银行表现得最为积极,拓展的业务范围最广,发展效果也最好。

表 3-6　　　　　　　　　国有银行综合经营情况

行业	工商银行	中国银行	建设银行	农业银行	交通银行
银行	工行	中行	建行	农行	交行
证券	工银国际（100%）	中银国际证券	中投证券	农银国际（100%）	交银国际证券（100%）
保险	工银安盛（65%）	中银集团保险（100%）、中银保险（100%）、中银人寿（100%）、中银三星	建信人寿（51%）、昆士兰联保（25.5%）	农银人寿（51%）	交银康联（62.5%）、交银保险（100%）
信托		中银集团信托（香港76.43%）	建信信托（67%）		交银国际信托（85%）
基金	工银瑞信（80%）	中银基金（83.5%）	建信基金（65%）	农银汇理（51.67%）	交银施罗德（65%）
租赁	工银金融租赁（100%）	中银航空租赁（100%）	建信租赁（100%）	农银租赁（100%）	交银租赁（100%）
期货		中银国际期货	建信期货		
资产管理		中银保诚、中银国际	建信资本管理	农银汇理资本管理	交银国际资产管理
投资公司		中银国际控股、中银投资	建银国际（100%）	农银国际投资咨询	交银国际

资料来源:《中国银行业发展报告2017》、招商证券报告《综合经营与金融监管改革加速进行中》。

二、非银行系金融控股集团

虽然我国银行系金融控股集团发展得不错，但最早的金融控股集团则是从非银行系开始的，最初的三家分别是中信集团、光大集团、平安集团。2002 年，中信集团"实施经营体制重大改革，公司新章程获得国务院批准，成为国家授权投资的机构，成立了中国第一家金融业的控股公司"①。回顾历史，国家当时放行中信集团开展综合经营也有非常特殊的背景，虽然名为中国国际信托投资公司，但当时已经广泛开展了银行、保险、证券等多种业务，同时还有占总资产 18% 的实业业务。如果严格按照分业经营的思路对中信集团进行业务剥离，"中信集团的银行、保险、证券等行业，无论是在总资产、业务品种、盈利能力还是在品牌信誉度方面，都还不是目前业内巨头的对手，更遑论与外资金融机构抗衡了。路只有一条——综合经营，有效组合各种业务，为客户提供多样化的金融产品，大幅降低成本。因此，以'集团混业、经营分业'为核心的金融控股公司方案，就成了中信集团的唯一选择"②。

在三大金融集团中，商业银行在集团中仅是一个子公司，同时与证券、保险、租赁、信托、基金等其他子公司一起组成了金融集团，集团通过整合客户资源，为客户提供一站式的金融服务。金融控股集团开始形成"集团综合、法人分业"经营模式，"从组织结构上看，正在逐渐从经营型控股公司向纯粹型控股公司模式发展，通过股权和业务整合，集团母公司开始不再从事具体业务经营，而是专注于股权控制和管理"③。

---

① 详见中信集团官网，www. group. citic/html/About_CZTZC/Brief_zntroduction/。
② 余珂. 中信改制 上下心照不宣 [J]. 经济月刊，2002（5）：42.
③ 黄强. 中国金融控股公司发展模式研究——基于效率和风险视角 [M]. 北京：中国金融出版社，2013：210.

表 3 - 7　　三家金融控股集团金融牌照持有情况

公司名称	银行	证券	保险	信托	基金	租赁	期货	资产管理	投资公司	互联网金融
中信集团	中信银行	中信证券	中信保诚	中信信托	信诚基金、华夏基金	中信金融租赁、中信富通融资租赁	中信新际期货	中信资产管理	中信投资控股	
光大集团	光大银行	光大证券	光大永明人寿	甘肃信托	光大保德信	光大金融租赁	光大期货	光大金控	光大资本控股	
平安集团	平安银行	平安证券	平安人寿、平安财险、平安健康险、平安养老保险	平安信托	平安大华基金	平安国际融资租赁	平安期货	平安资产管理	平安海外控股	陆金所、壹钱包、花生理财

资料来源：马鲲鹏、谭卓：《宏观审慎监管系列报告之四——混业经营体制下的中国金融监管体制改革》。

中信集团是我国金融控股集团的代表，前身中国国际信托投资公司创办于 1979 年，曾是吸收和运用外资、引进先进技术、设备和管理经验的代表性企业。2002 年更名为中国中信集团公司，2011 年整体改制为国有独资公司，更名为中国中信集团有限公司（简称中信集团）。2014 年 8 月，中信集团将中信股份 100% 的股权注入香港上市公司中信泰富，实现了境外整体上市。目前，中信集团已发展成为一家国有大型综合性跨国企业集团，业务涉及金融、资源能源、制造、工程承包、房地产和其他领域。

光大集团于 1983 年 5 月在香港创办，业务横跨金融与实业、海内与海外，广泛涉足银行、证券、保险、基金、信托、期货、租赁、投资和环保、文旅、医药等行业。"2015 年光大集团首次上榜美国《财富》杂志发布的世界 500 强企业名单，名列第 420 位，2016 年排名跃升至 313 位，上升 107 位，上升位次居全球金融企业第一名。现在，光大集团的资产规模已突破 4 万亿元，成为拥有一批龙头企业、亮点品牌的全牌照大型金融控股集团"[1]。

平安集团是以保险业务为主体的金融控股公司，中国平安以保险业务为核心，构建保险、银行、资产管理、互联网金融四大板块，业务板块之间联系密切，推动了业务多元化发展，相对于保险同业取得了较好的发展速度和质量。在大型保险集团中，2007 年中国平安总资产规模仅为中国人寿的一半左右，但到了 2016 年末，中国人寿资产规模达到 3.36 万亿元，而中国平安的资产规模已经达到了 5.58 万亿元。中国平安年复合增长率高于中国人寿一倍以上，也高于中国太保、中国人保等其他大型保险集团。

表 3-8　　　　　　　　　　国内主要保险公司资产情况

公司名称	2007 年	2016 年	年复合增长率
中国人寿	12043 亿元	33568 亿元	12.06%
中国平安	6511 亿元	55800 亿元	26.96%
中国太保	3090.1 亿元	10200 亿元	14.19%
中国人保	1466 亿元	9321 亿元	22.82%

资料来源：各家公司年报。

受平安集团影响，国内保险公司越来越重视非保险金融业务板块的发展，重视与银行、证券、基金、信托等金融业务的互动，这对于提升保险集团的

---

[1]　详见光大集团官网，www.ebchina.com/ebchina/about.shtmlx。

整体实力，提升利润贡献都有非常大的帮助。在经营策略上，也在强化保险业务的核心地位，保险业务仍是集团的重要盈利来源，业务的快速发展为资产管理等其他板块提供了更多的资金来源，起到了重要的支撑作用。

三、产业型金融控股集团

产业型金融控股集团指产业资本通过设立或者入股金融机构，以促进主营业务发展为目的，进入金融领域多元化发展的企业经营行为①。这类金融控股集团的母公司并不是金融机构，但持股或控股若干个金融子公司或实业公司。产业投资金融的发展模式，在德国、日本等国家较为常见。实业与金融的联系十分密切，特别是与银行之间的联系十分紧密，银行与企业之间相互持股，人事关系也相互渗透。产业型金融集团的发展与国家融资结构有着密切的关系，像英美等金融市场发达的国家这种关系就相对松散，大型实体企业投资金融的意愿不高，而在德日等银行主导型国家，产业型金融集团就发展得非常深入，主要是因为企业与银行的密切联系，有利于实业进行融资。与国际上的金融控股集团相比，我国产业型金融控股集团起步较晚，但近些年发展迅猛，一些大型产业集团纷纷涉足金融业务。这也带来了一定的风险隐患，产业资本与金融资本风险传递的可能性增加。

（一）由央企构建的产业型金融控股集团

据统计，有1/3的央企不同程度地参股或控股财务公司、资产管理公司、信托公司等金融机构②。央企"通过布局金控不但可以获得较低的资金成本，反哺实业，还可以实现集团统一的资源整合，发挥协同效应，构建集团内的生态闭环"③。有学者统计，截至2016年末，有70多家央企涉足金融行业，拥有的金融子公司达150余家。

表3-9　　　　　　　　中国实业拥有金融牌照情况

公司名称	银行	证券	保险	信托	基金	租赁	期货
五矿集团		◎	◎	◎		◎	◎
国家电网		◎	◎	◎	◎	◎	

① 徐枫，姚云，郭楠. 规范产业控股金融平台刻不容缓 [J]. 银行家，2017 (8)：45.
② 姚德权，王帅. 中国产业型金融控股集团发展模式研究 [J]. 财经理论与实践（双月刊），2010 (6)：4.
③ 详见普华永道报告《协同化、品牌化、创新化、市场化：纵览金控平台四大制胜之道》。

续表

公司名称	银行	证券	保险	信托	基金	租赁	期货
中航工业集团		◎	◎	◎	◎	◎	◎
中国石油	◎		◎	◎		◎	
华能集团		◎	◎	◎	◎	◎	◎
招商局集团	◎	◎	◎	◎		◎	

资料来源：民生证券研究报告《金融新常态：混业经营大时代》。

（二）由民企构建的产业型金融控股集团

我国的产业型金融控股集团始于 20 世纪 90 年代，海尔、新希望等民企产业集团最早开始参股金融机构。后来虽然"德隆事件"导致国家出台了一些政策限制，但总体来说，产业集团对涉足金融业还是非常积极的。21 世纪初的金融机构改革给了民企进入金融业的机会，国家在整顿信用社、证券和信托公司的过程中，部分地方政府退出这些领域，一些实业资本借机进入，这里面既包括央企，也包括民企。到了 2010 年，有统计显示，"沪深两市共有 133 家主业清晰的制造业上市公司参控股金融机构"[1]。

相较于央企，民企的融资渠道狭窄，通过参股或控股金融机构，一方面可以节省交易费用，如融资成本等，通过产业与本集团金融机构建立稳定的业务关系，减少交易的不确定性，最终实现成本节约；另一方面则是形成产业与金融业的相互促进、共同发展，通过金融资本支持产业规模扩张。从盈利角度看，这些年金融业的利润比实业高，尤其是银行的 ROE 水平要显著高于传统行业，有的行业的 ROE 甚至仅为金融业的几分之一。一些民营金融控投集团在多元化扩张过程中，也在不断发展壮大。如比较有名的明天系，据统计，"其持股的金融机构多达 44 家，其中银行 17 家、保险 9 家、证券 8 家、信托 4 家、基金 3 家、期货 2 家、金融租赁 1 家。其所控股的金融机构资产规模合计超过 3 万亿元，已经相当于我国一家中型金融机构的资产规模"[2]。

---

[1] 徐枫，姚云，郭楠. 规范产业控股金融平台刻不容缓 [J]. 银行家，2017 (8)：45.
[2] 张燕. 民营金控退潮 [J]. 中国经济周刊，2018 (20)：20.

表 3 - 10　　　　　　部分民营金融控股集团持有牌照情况

金融控股公司	银行	证券	保险	信托	期货	公募基金	租赁
泛海控股	北部湾银行、网商银行	民生证券	亚太财产保险、综合金融保险集团	民生信托	民生期货		
万向系	浙商银行、网商银行		民生人寿	万向信托	通惠期货	浙商基金	万向租赁
复星系	网商银行	德邦证券、复星恒利证券	复星保德信人寿、新华保险	新华信托、新时代信托	中州期货		
海航系	营口沿海银行	联讯证券	渤海人寿保险	渤海国际信托			天津渤海租赁

资料来源：根据券商中国等媒体资料整理。

（三）产业型金融控投集团的监管

由于发展时间还相对较短，对于产业型金融集团的监管，我国还缺乏相对完备、清晰的监管体系，特别是对主业不是金融业的产业型金融集团的监督管理十分分散，散落在不同部门，使监管缺乏整体性和系统性，经常导致重复监管或监管空白，因此有的学者建议要尽快明确监管标准，形成统一的监管框架。对于国企主导的产业型金融控股集团，"集团公司的实业公司按照企业性质的不同由相应的监管部门进行监管（国资委、地方国资委），对于集团公司下面金融控股公司的监管则由中国人民银行牵头的伞形监管负责"①。

民营金融控股集团存在的内部不正当关联交易、股权结构不透明、违规经营问题受到了监管部门的关注，加强监管的呼声逐渐高涨。安邦吴小晖案庭审记录显示，"共有 6 名个人投资者用 5.6 亿元的资金，投资于 49 家号称总注册资本达到 24 亿元的企业，再通过层层类似'幼蛇吞巨象'的控

---

① 姚德权，王帅．中国产业型金融控股集团发展模式研究 [J]．财经理论与实践（双月刊），2010（6）：7.

股方式，撬动对安邦98%的股权、600多亿元的注册资金和超过19000亿元的资产。这些个人股东并未实际出资600多亿元现金支撑安邦的运作，而是进行了虚假出资、循环出资"①。受金融业强监管的影响，民营金融控股集团开始从金融业务退出，纷纷将持有的金融牌照出售，逐步退回到自己的主业。如海航系的高层就表示要回归航空主业，聚焦实业，不再持有保险、信托等金融股权。

尽管出现了一些比较严重的违规经营问题，放大了系统性风险，但产业型金融集团的发展还是有其一定的合理性的。在做好实业与金融业务隔离，理顺股权关系、提升股东资质、健全风险防控机制后，产业型金融控股集团的良性发展对金融业和实体经济都是有益的。从实践层面看，比较好的方案还是将产业型金融控股集团的金融业务整合，实施统一管理，这样有利于加强风险隔离和管控，有利于理清理顺集团的股权和组织架构，也能够比较好地适应目前金融业分业经营、分业监管的现状。

四、互联网企业主导的金融控股集团

互联网企业在账户、流量、数据、技术等方面有着非常明显的优势，特别是腾讯、阿里巴巴等大型机构，有着先进的大数据支撑和多样化的应用场景，金融领域是其将客户规模变现的重要领域。像比较著名的蚂蚁金服，起步于2004年成立的支付宝，经过十多年的发展，已经拥有包括支付、基金、银行、小贷、互联网金融资产交易等多个金融牌照。蚂蚁金服所拥有的网商银行于2015年6月开业，通过采用先进的互联网和大数据技术，大力拓展中小企业和个人客户。到2017年末，资产规模达到了781.7亿元，发展速度迅猛。从规模看，虽然与大中型银行还有很大差距，但仅用了一年半的时间就能服务小微客户571万户，还是非常难能可贵的。在与传统银行的竞争中，网商银行非常重视自身竞争特色的塑造，贷款客户中"有79%为大专及以下学历，77%从事蓝领服务业或制造业，超过600万人无人民银行征信记录"②。除了强大的科技能力，网商银行还依托阿里系的电商平台优势快速获客，开发了淘系商家贷款场景以及依托二维码收款开发的"多收多贷"信贷服务。

---

① 张燕. 民营金控退潮 [J]. 中国经济周刊, 2018 (20)：22.
② 李南青. 坚持"普惠金融"战略 引领金融科技发展方向 [J]. 银行家, 2018 (6)：39.

表 3 – 11　　　　　　　互联网金融控股集团持牌情况

集团	产业链增强	业务增强	收益增强				
	支付	征信	P2P	银行	股权众筹	保险	在线理财
蚂蚁金服	●	●	投资	●	●	●	●
腾讯金融	●	●		●		●	●
京东金融		筹备			●	●	●
百度金融	●	筹备		●	●	●	●

资料来源：普华永道报告《协同化、品牌化、创新化、市场化：纵览金控平台四大制胜之道》。

　　像 BATJ 这样的互联网巨头都在积极布局金融业务，通过多渠道获取金融牌照建立金融控股集团，加上原有的信息技术优势，对传统金融形成很大冲击。大数据的应用"可以通过画像让逆向选择和道德风险变得成本极高，信息不对称这一金融中介存在的重要理论基础之一逐渐变得无关紧要"①，从而导致信息中介（新金融业态）与金融中介（传统金融）的边界变得模糊。不过与传统金融不同的是，互联网企业主导的金融控股集团并不是刻意去"收集"金融牌照，而是通过发展扩张核心能力来拓展业务版图，进而提升企业价值。

五、地方政府主导的金融控股集团

　　近年来，一些省市地方政府利用其拥有的强大财政资源和行政资源，积极组建地方性金融控股集团，提升地方政府对金融的管控能力，也为地方经济提供综合金融服务，还可以帮助地方金融机构有效应对市场竞争。这些地方政府主导的金融控股公司往往是应国有资产管理的需要产生的，比较典型的是上海国际集团。其把自身定位为国有资本运营平台，深入推进投资运营和投资管理，积极参与政府统筹决策的功能性项目。地方政府主导的金融控股集团，"通过对地方金融资源的整合管理利用，有利于地方政府调配金融资源，为地方企业提供较为全面的金融服务，促进地方金融生态的构建"②。

　　一方面，地方政府积极整合金融资源，做强做大金融控股集团；另一方面，金融控股集团利用其平台化的特征，为地方企业融资创造更加有利

---

　　① 陆磊．面向新时代的金融体系构建与金融开发 ［J］．清华金融评论，2018（6）：62.
　　② 陆岷峰，葛和平．地方性金融控股集团的发展现状及监管对策研究 ［J］．区域金融研究，2018（1）：43.

的条件，提升地方企业证券化水平。不过，总体来看，地方政府主导的金融控股集团普遍处于发展初期，协同效应还没有得到发挥，如何整合好金融资源，体现出规模经济效应和范围经济效应，是摆在地方国资管理部门面前的一个重要课题。

第四节　我国商业银行综合经营面临的问题

综合经营激发了商业银行的经营活力，提升了金融配置资源的效率，但随着金融强监管的深入，一些金融乱象开始受到国家和监管部门的关注。在 2017 年 7 月召开的全国金融工作会议上，习近平总书记强调要"严格规范金融市场交易行为，规范金融综合经营和产融结合"。在 2018 年中央全面深化改革委员会第一次会议上又进一步提出，"加强非金融企业投资金融机构监管，要坚持问题导向、补齐监管短板，明确企业投资金融机构服务实体经济的目标，强化股东资质、股权结构、投资资金、公司治理和关联交易监管，加强实业与金融业的风险隔离，防范风险跨机构跨业态传递"。从中共中央、国务院及相关部委出台的政策文件可以看出，我国积极支持商业银行开展综合经营探索，促进金融服务实体经济效能的提升，但由于伴生了一些金融乱象，国家有关部门也在积极制定相关监管制度，促进商业银行综合经营走上规范化发展道路。对于我国商业银行，综合经营过程中出现的问题主要体现在以下几个方面。

一、综合经营的程度还不深

我国商业银行的综合经营还处于初级阶段，协同效应发挥不够，资源整合程度还不高。一些金融控股集团内部关系比较松散，未能形成不同业务领域的发展合力，比较注重入股，加强股权控制，但对各个子公司的管理和业务促进作用发挥得还不明显，优秀的管理人才也比较缺乏。子公司之间的业务合作与创新不多，如银证合作还只是停留在银证转账、银证通、股票质押贷款等方面，最近开始有了一些资产证券化产品；银保合作则主要停留在代销、银保通、保单质押贷款等简单业务层面。相反，一些国际性的商业银行或金融集团则在整合资源、优化架构、提升管控效率方面有着非常先进的做法。如对渠道进行复合式、便利化的整合，提升网点服务的综合化；对集团总部按照客户的不同类型设置大的业务板块，在"总行设立多元化金融业务协调团队，有关团队成员嵌入大公司、大零售条线和核心职能部门，统筹协调集团内商业银行与多元化金融平台的发展或管理"①，进而协调、整合银行、证券等子公司的专业资源，为特定大型公司和个人客群提供多元化的综合金融服务。

二、金融综合经营的法律法规尚不健全

在现行的法律制度中，金融综合经营尚未被允许，在《商业银行法》《证券法》等法律法规中都提出要分业经营，金融机构要分别设立，但都明确了"国家另有规定的除外"，以国家行政机关"一事一批"的个案处理方式实施。缺乏对金融控股公司的管理，"除能够适用《公司法》的一般规定外，没有可以专门适用的法律制度。金融控股公司的定义、类型、法律地位等基础问题都还没有解决，不利于金融控股公司的规范发展"②。金融控股立法的滞后，不利于监管机关对风险的识别和判断，导致金融风险的积累和暴露，不利于金融消费者的权益保护。金融乱象整治过程中发现有股东钻法律的空子，对金融业务恶意操纵。对于这一现象郭树清主席曾撰文写道，"有的股东甚至把银行当作自己的提款机，少数不法分子通过复杂架构，虚假出资、循环注资，违规构建庞大的金融集团"③。目前，金融界对加快推进金融机构的立法进程非常积极，建议尽快明确主监管部门，加强准入管理，严格审查股东、高管和资金来源，为加大违规处罚和采取相应措施提供法律依据。

三、部分银行股东不规范经营的情况突出

法律法规和监管政策不明确、不健全，导致对金融控股公司的交叉监管和监管空白并存。由于执行的是分业经营、分业监管原则，银保监会监管银行、金融租赁、信托、保险等，证监会监管证券、基金，商务部也有一定的监管责任，主要负责融资租赁、商业保理的监管，小额贷款则归地

---

① 张兴荣，王哲．日本三大金融集团转型的实践经验［J］．银行家，2018（2）：97.
② 黄强．中国金融控股公司发展模式研究——基于效率和风险视角［M］．北京：中国金融出版社，2013：222.
③ 详见《打好防范化解重大金融风险攻坚战（权威访谈）——专访银监会主席郭树清》，2018年1月17日《人民日报》第2版。

方政府的金融办或金融局监管。由于没有关于金融集团监管的制度，历史上就曾发生过监管不协调、信息不对称导致德隆系事件。德隆集团以高息为诱饵大量吸纳理财资金，套取、挪用资金操纵股价，直至 2004 年 4 月股票崩盘，有统计显示最终形成的坏账高达 200 多亿元。德隆集团最鼎盛时旗下曾拥有 177 家子孙公司和 19 家金融机构。由于德隆集团并非金融机构，没有监管部门对其进行高管资格审查，也没有人进行集团监管。德隆集团在实际经营中，也发生了资本金重复使用的问题，通过关联借款和担保等手段套取资金，进行再投资，形成了非常高的财务杠杆，使资金链处于十分脆弱的状态，风险极大。

近期，监管机构对金融机构的股东加强了管理，出台了《商业银行股权管理暂行办法》，强化商业银行与股东及相关人员的关联交易管理，重点解决利益输送、掏空银行等问题。同时也明确了例外条款，即根据国务院授权持有商业银行股权的投资主体、银行业金融机构，法律法规另有规定的主体入股商业银行，以及投资人经原中国银监会批准并购重组高风险商业银行，不受此规定限制。在产业型金融控股集团方面，国家也在加强管理，减少盲目扩张投资，如对于中央企业涉足金融业，国资委要求央企聚焦主业，严格控制非主业投资，严格遵循决策程序。2018 年 6 月 30 日，《中共中央　国务院关于完善国有金融资本管理的指导意见》发布，要求严格规范产融结合，严格限制和规范非金融企业投资参股国有金融企业，强化股东资质、股权结构、投资资金、公司治理和关联交易监管，加强实业与金融业的风险隔离，防范风险跨机构跨业态传递。

四、风险防范机制不健全

金融控股公司内部的关联交易和利益冲突是监管部门、投资者和消费者高度关注的问题，虽然各自行业子公司会被相关部门监管，但对于金融控股公司层面，普遍缺乏集团总体的风险防范制度和内控机制，危机在不同子公司间传递的可能性很大。各监管机构比较注重准入管理，普遍缺乏退出机制，监管手段和方式有待改进。缺乏统一的金融监管信息系统，数据标准不一致。2018 年，国务院办公厅出台了《关于全面推进金融业综合统计工作的意见》（国办发〔2018〕18 号），提出要"推进系统重要性金融机构及金融控股公司统计，加强系统性金融风险关键环节统计监测"，"建立多维度、多层次并表口径的资产负债表，开展并表统计监测，充分反映金融集团整体层面的资本充足、流动性、风险等状况，并识别外部风险传染路径"。随着监管制度的进一步完善，金融控股集团的风险识别和防控机制将会进一步健全。产业型金融控股集团的情况更复杂，在经济上升期，产业资本与金融资本的盈利能力都比较强，而在经济下行期，产业盈利减少，金融业务的不良也会同时增加，这就产生了产业与金融的共振现象。因此监管部门要深入实施产业型金融控股集团的全周期和全方位监管，设立较为严格的准入门槛，严把准入关，同时也要加强监控，完善退出机制，既要避免共振现象的发生，也要避免相互之间的风险交叉传递。

五、偏离主营业务

虽然金融业盈利能力强，短期内可以大幅改善产业型金融控股集团的盈利能力，但也会导致产业资本过于追求投资收益，加大杠杆，主营业务发展资源减少，产业部门空心化，对企业长远发展不利。我国企业发展历程还不长，产业型金融控股集团往往会产生"实业不利，金融圈钱"等错误动机，而造成偏离主业、去实就虚等特殊风险。对"赚快钱"还比较偏好，曾有统计显示，上市公司70%以上的利润来源于金融和房地产投资。相反，很多国际领先企业更加注重主业核心竞争力建设，对金融业并不会积极介入，通用电气还实施过去金融化战略，把企业资源更加聚焦在主营业务上。

第四章　商业银行综合经营风险管理及监管研究

　　商业银行在向综合经营迈进的过程中将会面临很多问题，但最关键同时也最应关注的有两个问题，即综合经营后的风险管理和监管政策的变化。商业银行经营的本质就是经营风险，这是其核心特征，也贯穿于其整个生命周期，商业银行在综合经营过程中做好风险管理，不仅仅是其经营好坏、发展快慢的问题，而且是关系到生死存亡的问题，国际上很多大银行由于快速扩张，实施综合化发展，而忽略了风险管理，在外部经济金融环境发生重大变化时轰然倒塌，这样的案例屡见不鲜。同时，商业银行是国民经济的重要组成部分，在经济社会发展过程中起着举足轻重的作用，作为一类特殊行业，国家必然会对其进行严格的监管，无论是国际还是国内、无论是分业经营还是综合经营。

　　在综合经营过程中更应重视风险管理、监管体制改革及监管政策变化，以便趋利避害，走上健康良性发展之路。商业银行经过综合化发展将逐渐形成金融控股公司模式或银行控股公司模式，本章在论述过程中将其统称为金融控股集团公司。

第一节　商业银行综合经营的风险

　　对商业银行来讲，如果开展综合经营，除了要面临原有的一般性风险外，还要积极应对好由于开展多种金融业务而带来的特殊风险。

一、信用风险

　　在分业经营的情况下，商业银行的贷款是"发起—持有"模式[1]，即银

---

[1]　康华平. 商业银行综合经营及风险控制研究 [M]. 北京：中国金融出版社，2012：24.

行与贷款客户的关系持续到整个贷款期，在这种情况下银行会十分关注贷款客户的偿还能力，而随着银行开展综合经营，可以利用资产证券化等手段将贷款分销给外部投资者，即进入了"发起—分销"模式。虽然可以更好地调整信贷结构，也避免了资本金对业务发展的限制，但也会导致客户经理更加关注第二还款来源，忽视第一还款来源，尽职调查的意愿减弱，显著增加了银行贷款的信用风险。另外，在资产证券化过程中，银行一般会自持部分信用级别低的债券或者包销一部分债券，当市场好的时候没有问题，一旦市场状况翻转，银行就会产生实质损失，甚至损失十分巨大，拖累银行整体的业绩。银行在证券市场、衍生品市场的投资行为也往往会由于投资经验和人才的缺乏，而导致综合经营后的损失，我国银行目前较常见的是理财产品资金投资、银信合作等方面的风险。

二、关联交易引发的风险

关联交易指公司在经营过程中经常出现的而又易于发生不公平结果的交易。根据财政部《企业会计准则第 36 号——关联方披露（2006）》的规定，在企业财务和经营决策中，如果一方控制、共同控制另一方或对另一方施加重大影响，以及两方或两方以上同受一方控制、共同控制或重大影响的，构成关联方。因此，金融控股集团内部不同成员之间的交易行为常会被认定为是关联交易。金融控股集团的关联交易包括成员间购买金融产品、服务及资产，相互担保承诺，相互提供技术服务、信息共享、品牌共享。从积极的角度看，关联交易可以降低交易成本，提高资金利用效率，减轻税务负担，降低经营成本。但负面影响也比较大，如关联交易会导致风险过度集中，企业丧失独立经营能力，各关联方之间的股权投资、担保、债权债务关系、利润转移等活动，会产生复杂的资金往来，使风险会在集团内部放大、传播，总部无法掌握总体经营情况，监管部门监管难度变大。关联交易隐蔽性强，交易次数多、金额大。金融机构更是关联交易的主要参与者。据统计，2016 年涉及金融机构的关联交易次数占全部上市公司关联交易次数的 60%，交易金额甚至达到 80%[①]。一家子公司经营遇到困难时，其他子公司可能会提供资金支持，如果处理不当，可能会引起多家机构流动性困难；即便没有资金往来，某一子公司的负面消息也会对其他子

① 高波．金融控股公司关联交易监管［J］．中国金融，2018（13）：46.

公司的业务产生冲击。

三、外部监管不足的风险

监管机构的监督管理能力要与金融机构的经营相适应，这样才能保证金融体系的稳定。各国监管部门对传统商业银行有着严格的资本充足率要求，杠杆规模可以得到有效控制，但对于表外业务监管能力普遍不足，对商业银行综合经营后的整体风险和资本充足情况较难判断。美国次贷危机也表明，分业监管不利于监管机构掌握全面信息，监管标准也很难统一，"基于权力分散和组织独立的监管体系并不能有效地实施功能性监管"①。另外，综合经营必然导致交易的复杂化，对银行流动性风险管理的要求也在提高，次贷危机就表明银行如果过度依赖市场提供流动性，那么在市场流动性缺失时就会遭遇资金"枯竭"问题。目前银行流动性风险管理能力普遍不足，缺乏有质量的流动性缓释工具，导致无法有效应对市场流动性紧张和客户大额提款的情况。对我国来讲，银行综合经营的监管还缺乏相应的法律法规的支持，加大了对金融控股集团监管的制度风险和政策风险。

四、委托代理关系导致的风险

无论是金融控股公司模式，还是银行控股公司模式，母公司都是通过投资入股履行出资人权利，母子公司之间、子公司与其子公司之间形成委托代理关系。处理好委托代理关系是形成金融控股集团协调效应的关键，否则就很难实现不同金融业务的融合发展。这就对金融控股集团公司治理结构提出了更高要求，要使监管者、投资人、债权人、董事会对集团的管理和运作有着较为清晰的了解，上下级之间的授权要合理，避免集团失去对子公司的控制，也避免子公司的经营受到过多干扰。集团对子公司之间的业务往来也要做好监控，避免捆绑销售、客户信息滥用等违规行为的发生，保护好消费者权益。

五、资本金不足的风险

银行的资本金是承担非预期损失，保护客户和债权人的基础资金。为了实现资本利用效率的提升，一些金融控股集团经常会出现资本金重复计

---

① 康华平. 商业银行综合经营及风险控制研究 [M]. 北京：中国金融出版社，2012：42.

算问题，即资本金套利问题（Capital Arbitrage）。一般体现在两种情况，一种是总公司向子公司拨付的资本金被重复计算，另一种是子公司之间的相互投资被重复计算。如果资本金不实，将会使资本充足率虚高，将削弱资本减震器的作用，还会使金融控股集团误判自身资本信息，一系列风险识别工具将会失效。因此，《金融集团监管原则（2012）》规定"监管机构应要求金融集团资本充足性评估和计算考虑双重或多重杠杆效应"。金融控股公司的业务结构复杂，内部管理层级较多，"资本不足风险具有一定传染性和隐蔽性，会严重削弱金融控股公司的偿付能力"①。为了规避这一问题，联合论坛曾经发布了《多元化金融集团监管的最终文件》，提出了三种方法来度量金融集团资本充足率，即"分块审慎法、基于风险的累加法、基于风险的扣除法，以恰当地剔除内生资本和调剂资本余缺"②。原中国银监会在 2008 年发布《银行并表监管指引（实行）》，初步确立了并表监管体制。2014 年末，《商业银行并表管理与监管指引》生效，将并表范围扩展到了会计、资本和风险三个领域。当前我国对银行、证券和保险分别形成了"资本充足率、净资本和偿付能力为核心的资本充足情况考量，但对金融控股公司整体资本充足情况，尚缺少考量规则"③。

第二节　商业银行综合经营的风险管理

一、建立和完善防火墙制度

对于金融控股集团，防火墙制度非常重要，它确保了每个经营单元能够按照商业原则自由开展业务，避免了内部信息被乱用，减少风险在各业务间的传递。防火墙的概念最初用来防止银行业务和证券业务之间的风险传递，后来逐步"成为隔离不同金融子公司、不同金融业务风险传递和解决利益冲突的一种制度安排"④。防火墙可以分为法人防火墙和一般防火墙，

---

① 王伦，李斌．金融控股公司资本不足风险控制分析［J］．现代经济信息，2018（5）：331.
② 路春芳．金融控股集团资本金重复计算问题的数学分析［J］．华北金融，2009（8）：16.
③ 鲁政委，陈昊．金融控股公司并表监管的发展演进与国际经验［J］．金融监管研究，2018（3）：18.
④ 黄强．中国金融控股公司发展模式研究——基于效率和风险视角［M］．北京：中国金融出版社，2013：110.

法人防火墙通过设立独立法人实体从事不同业务来隔离风险，一般防火墙则是指在同一企业内部通过设立信息、人事、业务、资金等方面的限制性制度来降低利益冲突和风险传递。如在信息方面，为了更好地保护客户的隐私，避免不当交易行为的发生，金融控股集团一般会对信息披露设立规范性制度；在人事方面，很多国家禁止银行业高管在其他金融机构兼职，"日本银行控股公司常务董事除金融厅允许外，不得兼任其他公司的常务董事"，中国台湾也规定"金融控股公司董事长或总经理兼任子公司董事长职务以一人为限，金融控股公司负责人兼任子公司经理职务也以一人为限"①，这些制度规定值得我们吸收借鉴；在业务和资金方面，对信贷资金的用途各个国家都有限制，对单一机构的授信上限也都有规定。如限制商业银行与关联公司交易，商业银行与集团成员的交易要准确全面及时披露，要让公众及时了解交易对手的情况。

防火墙制度也有失效的情形，如当危机发生时，金融控股集团从自身安全的角度出发，有可能会违反相应制度，要求银行对其他金融机构进行救助。因此，各个国家监管部门对"防火墙"的有效性十分关注，要求"防火墙"越筑越高，但也带来了高昂的成本，使综合经营的竞争优势被削弱。因此设立宽严有度的"防火墙"是监管部门和金融控股集团要深入考虑的问题，要在安全和效率之间寻求动态的平衡。在建立和完善防火墙制度的过程中，金融控股集团要严格规范子公司业务范围，严格按照监管部门和集团总部的要求进行经营，严禁超范围经营；设立投融资授权制度，子公司只能在权限内进行相应的投融资活动；对于客户资料要建立严格的信息保护制度，即便在集团内使用也要遵守相应的管理要求；严格控制关联交易，自觉遵守贷款集中度管理要求；做好舆情管理，避免局部问题波及集团整体。

二、做好资本充足率风险控制

银行推进综合经营并逐渐形成金融控股集团后必须要有一定的资本金要求，我国目前还没有明确的金融控股公司监管规则，但很多监管高层已经表示正在抓紧研究。目前，银行要求必须保证8%的最低资本充足率，重要性银行充足率要求更高。与银行类似，证券公司的要求是保证资本占总

---

① 万峰. 金融集团监管国际比较与中国选择［M］. 北京：中国金融出版社，2013：238.

资产的比例不得低于 8%。要做好资本充足率风险控制，就要对金融控股集团在并表基础上剔除重复计算的资本充足率。巴塞尔银行监管委员会、国际证监会组织、国家保险监督官协会的联合论坛在发布的《金融集团监管原则》中对金融集团科学合理评估资本充足率提出了要求，在第 17 项原则中重申，"监管机构应要求金融集团的资本评估充分处理好资本双重或多重计算的情况"，"要求金融集团实现全面有效的并表管理"，"金融机构应警惕所有权结构可能带来的问题"，"金融集团过于复杂的组织结构可能会掩盖金融集团内资本的双重或多重杠杆效应"①。

为了规范对银行及附属机构的并表监管，原中国银监会曾在 2008 年发布《银行并表监管指引（试行）》，并在 2015 年发布《商业银行并表管理与监管指引》进一步强化对银行集团的监管要求。在新颁布的文件中，监管部门进一步明确了并表管理范围、业务协同、公司治理、全面风险管理、资本管理、集中度管理、内部交易管理和风险隔离等内容。在 2018 年 6 月 30 日发布的《中共中央 国务院关于完善国有金融资本管理的指导意见》中，提升国有金融机构风险防范能力成为一项重要内容，它要求"国有金融机构细化完善内控体系，严守财务会计规则和金融监管要求，强化自身资本管理和偿付能力管理，保证充足的风险吸收能力"。

三、加强机构准入与退出风险控制

近期监管部门正着力加快针对金融控股集团的监管体系建设，设立认定标准，对机构、高管的准入提出监管要求，完善金融业的信息共享，加强股东管理。在最近一轮金融乱象整治过程中，监管重点就是查出资本真实性和资本质量，打击虚假出资、循环注资现象，严格股权管理，提高金融控股集团股权结构的透明度。2018 年初原中国银监会发布《商业银行股权管理暂行办法》，主要的管理要求有：银行主要股东要书面承诺遵守法规规定并说明入股商业银行目的，同时披露股权结构直至实际控制人、最终受益人；限制了主要股东入股商业银行数量，同一投资人及其关联方、一致行动人作为主要股东参股商业银行的数量不得超过 2 家，或控股商业银行的数量不得超过 1 家，主要股东不得以发行、管理或通过其他手段控制的金融产品持有同一商业银行股份，取得股份之日起五年内不得转让所持有的

---

① 中国银监会政策研究局.金融集团监管原则 [M].北京：中国金融出版社，2014：34 - 35.

股权，不得违规干预商业银行经营管理。新的股权管理办法被认为是监管补短板的动作，旨在从源头上遏制银行业风险，即股东的股权及股东的行为。

监管部门还要进一步完善金融控股集团的退出机制，对经营出现危机的金融集团，可要求其减少子公司投资，甚至停止部分或全部业务来化解危机，还可以要求其他子公司承担损失。可以借鉴美国的交叉担保条款（Cross – Guarantee Provision），即一个机构倒闭或遭受损失时，"联邦存款保险公司可以强制性地将控股公司体系中的存款机构实行横向合并，直接将损失在各银行和存储机构间分摊"①。不过这也相应地扩大了母公司的责任，对防火墙制度也有很大冲击，很多国家对这一制度并没有普遍接受，美国的法院也是根据个案来做出相应的判罚。但总体来讲，明确和加重母公司的责任，对子公司稳健退出确实有很大的帮助作用，比较好地维护了金融体系的稳定，保护了中小客户利益。

第三节　我国金融监管体系现状及变革

20 世纪末，分业监管在稳定我国金融秩序，提升金融效率等方面发挥了非常重要的作用。在原"一行三会"体制下，人民银行负责货币政策和金融稳定，原银监会、证监会和原保监会分别负责存款类金融机构、证券业、保险业的监管，分业监管模式大大提升了监管的专业化，促进了金融行业的飞速发展。但随着经济社会的发展和经济全球化的深化，金融业的经营模式发生了深刻的变革。从当今世界的发展趋势看，像我国这样仍在坚持分业监管的国家数量正在减少。虽然这种监管模式的优势是专业性强，监管经验丰富，但劣势同样明显，很容易造成监管真空，也比较难以把握金融机构的总体风险。我国当前的监管体系就已显现出对金融实践的不适应，特别是金融机构日益综合化和多样化，金融产品的丰富度显著提升，导致了几个市场之间的人为割裂，监管主体之间的沟通协调不够，分工不十分明确，"都要管"与"都不管"在实践中均有出现，形成重复监管或监

---

① 康华平. 商业银行综合经营及风险控制研究 [M]. 北京：中国金融出版社，2012：130.

管真空①。进一步完善监管体系，建立符合现代金融特点、统筹协调监管、有力有效的现代金融监管框架日益成为广泛关注的热点。

一、当前分业监管体系的一些弊端

（一）监管竞争

监管部门在监管过程中有着行业发展的侧重和倾向，有很强的"地盘意识"，因为如果行业发展得更好，那么监管部门的话语权和受重视程度会大大提升，这就容易引起监管竞争。但由于收益与风险是伴生关系，高收益势必孕育着高风险，监管部门推动行业预期收益增加的过程中一定会放大行业风险。近些年，证券业、保险业和银行业的监管部门就先后在一定程度上放松了监管要求，相应地，也伴生了一定的风险。债券发行就是一个监管竞争的例子。政府债券由财政部监管，企业债由国家发展改革委监管，公司债由证监会监管，非金融企业债务融资工具则由银行间市场交易商协会监管。后来，证监会降低了公司债的发行门槛，提高了发行效率，使企业债发行规模飙升。相应地，国家发展改革委、交易商协会也开始放松发行要求。监管竞争在一定程度上放大了金融风险。

（二）监管套利

在监管套利方面，一些金融机构会利用不同的监管标准，有选择地在目标领域开展经营活动而获得超额收益，而政出多门是监管套利发生的一个重要原因，比较有代表性的是信托业务和基金子公司。两者业务模式类似，都可以从事信托业务，通过募集单一资金或集合资金进行投资；但两者的监管机构不同，基金子公司受证监会监管，信托公司受原中国银监会监管。证监会对基金子公司的业务限制较少，基金子公司的牌照甚至被称为"万能牌照"，管理规模曾一度高涨。但随着金融监管的加强，特别是2016年《基金管理公司子公司管理规定》及《基金管理公司特定客户资产管理子公司风险控制指标管理暂行规定》等政策的落地，资金又开始向信托业"回流"。

（三）监管空白

我国当前还没有明确对金融控股集团公司的立法，既未确认金融控股

---

① 陈少哲. 论金融混业经营潮流下我国金融监管体制的构建——以次贷危机后英国金融改革经验为借鉴 [J]. 法制博览, 2016 (4): 10.

集团的法律地位，也未明确禁止其发展，这就导致了监管竞争、监管套利和监管空白并存。新兴的金融业务不断出现，在"铁路警察各管一段"的思路指引下，各家监管主体的监管理念不同，监管边界模糊，监管空白很容易出现，相互协调成本很高。如近几年出现并快速扩张的 P2P 网贷平台，在其所谓金融创新初期，由于监管空白，造成了一定时期的监管真空，出现了大量卷款跑路现象，给广大投资者带来了不小的损失。而一些复杂的金融产品和交易，资金会游走于银行、证券、保险、信托之间，很难被掌握，也很容易导致系统性金融风险。金融统计工作也存在覆盖范围不全的问题，大量新兴业务和机构的信息统计缺失，无法为高层决策提供良好的数据支撑。

二、当前主要监管模式

（一）以监管客体划分的监管模式

监管模式可以有很多种分类，如按监管客体来划分，可以分为机构监管、功能监管。

1. 机构监管

机构监管按照机构类型，如银行、证券、保险、信托等进行监管。它的优势是在机构从事多样化的业务时能够更好地评判不同产品系列的风险。这种监管模式体现了"人盯人"思想，监管者的专业化程度高，比较了解被监管者的整体状况，有利于达到监管目标，提高监管效率。当金融结构较为简单或者业务被严格限定时，机构监管的成效较为明显，可以有效防范风险，提高效率。而随着金融综合化发展趋势的形成，金融机构的业务关联越发密切，越来越多的金融机构成为"金融百货公司"后，机构监管的劣势与不足就逐步显现出来。我国的金融监管理念就是建立在机构监管理念上的，非常注重机构的准入管理，一旦明确了金融机构的监管部门后，所有金融业务都由监管部门批准，"从而造成同一性质业务被人为割裂。多头监管的格局可能造成监管重叠（但标准不一致）或者监管真空，资产管理业务即为其例"[1]。

---

① 唐婧，杨光. 美国金融监管变革 [J]. 中国金融，2018（13）：93.

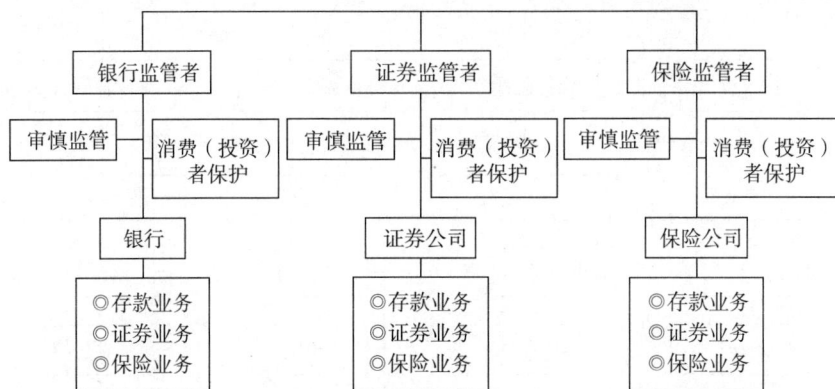

资料来源：陈雨露，马勇．金融业组织形式变迁与金融监管体系选择：全球视角与比较分析[J]．货币金融评论，2008（6）．

图 4 - 1　机构监管模式

2. 功能监管

功能监管主要是按照业务性质来划分监管对象，监管机关对业务进行监管，而不管从事这些业务的机构到底是什么类型。功能监管更容易对发现的问题进行及时处理。美国经济学家罗伯特·默顿（Robert C. Merton）最早提出了功能监管的概念。他认为尽管金融体系不断演进，"但其执行的六项经济功能却是大体稳定的：一是支付清算功能；二是汇集资金功能；三是跨时、跨区、跨业配置资源功能；四是管理风险功能；五是价格发现功能；六是降低信息不对称成本的功能"[①]。罗伯特·默顿还认为从机构监管向功能监管转变是不可避免的，主要是因为随着金融机构产品和服务的不断丰富，金融机构之间以及与金融市场之间的边界不断变化，监管重叠和监管真空同时存在，监管部门应当对从事同一业务的金融机构开展尺度相对统一的监管。

---

① 王兆星．机构监管与功能监管的变革——银行监管改革探索之七 [J]．中国金融，2015（3）：14.

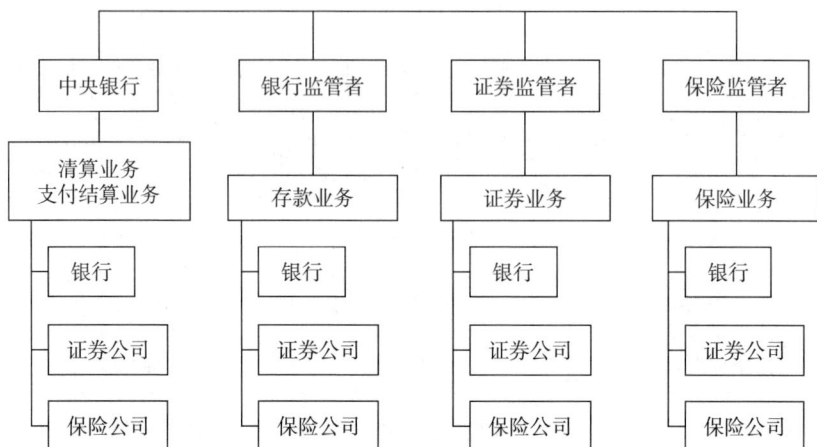

资料来源：陈雨露，马勇．金融业组织形式变迁与金融监管体系选择：全球视角与比较分析 [J]．货币金融评论，2008（6）.

图 4 - 2　功能监管模式

（二）以监管主体划分的监管模式

以监管主体为标准，监管模式可以划分为多头监管、单一监管和双峰监管。多头监管是根据不同金融机构主体经营范围的不同，由不同的监管机关进行监管。多头监管的优势在于有明确的监管分工，各监管机构能够集中精力对各自领域内的市场活动进行监控，专业性强。不足之处体现在监管交叉重叠，法律法规不统一，监管效率不高，容易产生监管空白。

单一监管与多头监管相对应，一个监管机构负责监管金融系统中所有的机构、产品和金融市场的全部活动。20 世纪 80 年代，挪威率先采用单一监管模式，随后陆续有 20 多个国家实行了这一监管模式。在单一监管模式下，监管者既要负责总体的金融稳定，也要规范各个微观金融主体的经营。单一监管的优点有以下几个：一是金融监管的一致性和监管质量得到提升，多头监管现象得以解决，监管成本下降；二是监管统一之后，人才的集中提升了专业性，可以更好地管理和控制整个金融体系的风险；三是消除了多个监管主体导致的监管"向底部竞争"现象；四是对金融控股公司的监管更加有效，更能全面评估集团的风险，实现有效并表监管①。

---

① 于永宁．金融监管模式的博弈与选择 [J]．山东大学学报（哲学社会科学版），2011（4）：79.

双峰监管模式强调金融监管存在着两个目标，即维护金融体系稳定和金融机构稳健经营的审慎监管目标，以及提高金融效率的行为监管目标。双峰监管模式主张把审慎监管和行为监管分离，提高监管专业化水平，也避免利益冲突。这体现了监管资源整合的趋势，但又不整合成为单一的监管机构。

三、当前我国监管体制的变革

2008 年国际金融危机以后，很多国家的金融业遭遇重大损失，因此开始对当前的监管体制进行反思和改革。一是微观风险管理和宏观审慎监管并重，加大对重要性金融机构的监管力度；二是加强金融监管机构间的协调；三是扩大监管范围，把对冲基金、影子银行纳入监管范围；四是提升金融机构公司治理的要求，注重管控金融高管的薪酬制度；五是更加注重对消费者的保护。这些监管理念的变化也逐渐开始影响我国的监管体系与政策。

2017 年 7 月，经中共中央、国务院批准，国务院金融稳定发展委员会正式成立，作为国务院统筹协调金融稳定和改革发展重大问题的议事协调机构。影子银行、互联网金融、资产管理行业和金融控股公司将是国务院金融稳定发展委员会重点关注的四大领域。2018 年 3 月，十三届全国人大一次会议通过，批准在原银监会、原保监会基础上组建中国银行保险监督管理委员会，同时将拟订银行业、保险业重要法律法规草案和审慎监管基本制度的职责划归人民银行。本次银保合并或许还只是开始，证监会并未被合并，与证券市场的特殊性有关，证券市场以直接融资为主，银行业、保险业则是以间接融资为主。加上证券市场体量较大，以及一些国家也是单设证监机构等因素，决定了此次监管机构改革的最终方案。"一委一行两会"取代"一行三会"，形成了我国新的监管格局。

近年来，加强金融控股公司的监管日益受到政府监管部门的重视，甚至还出现在了 2018 年政府工作报告中，国务院也要求人民银行抓紧制定关于金融控股公司的监管规则，人民银行副行长潘功胜也表示，将"强化整体的资本监管，建立并表的监管机制，防止虚假出资、循环出资等短期行为；严格股权管理，要求股权架构和组织架构清晰、股东和受益人透明；强化关联交易的管理，在金融机构与控股公司、其他产业之间建立防火墙制度等"①。预计随着新的监管格局的确立，金融控股公司的相关法律制度将会逐步加快完善，人民银行"牵头管总"的作用将会更加强化，金融监管协调机制、信息共享机制等也会更加顺畅有序。

---

① 贾瑛瑛，孙芙蓉. 深化新时代金融业改革开放 [J]. 中国金融，2018（6）：11.

第五章　我国中型商业银行综合化发展之路

在英国曼彻斯特大学的一项研究中，学者把银行业根据资产规模大小分为三组：第一组是大型银行，在银行业拥有举足轻重的地位；第二组是小型银行，资产规模较小但是经营的灵活度高，容易实现差异化发展；第三组是资产总额介于前两组之间的中型商业银行。这一组被研究者称为"死亡之谷"。不过中型商业银行也有自己的优势，与大型银行相比，中型商业银行的经营管理没有那么僵化，船小好调头，试错成本更低；与小型银行相比，中型商业银行拥有一定的市场竞争力，特别是在区域市场，往往是大型银行忌惮的对象，产品和服务更加丰富，渠道布局更优，抗风险能力也比较强。在未来的发展中，中型商业银行普遍面临着战略抉择，是否采取更加综合化的发展策略，介入证券、基金、保险、信托等业务，来丰富收入来源，提升市场竞争力，这是摆在很多中型商业银行面前的一个重要课题。

第一节　我国中型商业银行的经营环境分析

本文所称的中型商业银行突破了原有分类，没有按照股份制银行、城市商业银行、农村商业银行的方法进行分类，而是参照银行资产规模，把资产规模在 5000 亿元以上、除了大型国有银行之外的股份制银行、城市商业银行、农村商业银行统一归并称为中型商业银行。这一划分方法强调了资产规模对商业银行经营模式的影响，一般认为当资产规模达到一定程度后，银行自身就有着多元化扩张的冲动，也基本具备了相应的资金、人员、技术、管理等方面的储备和能力。

一、我国中型商业银行基本情况

根据中国银行业协会发布的数据，截至 2016 年末，全国资产规模超过5000 亿元的商业银行已经达到 35 家。除了工商银行、农业银行、中国银行、建设银行、交通银行、邮储银行等大型国有银行外，中型商业银行达29 家，包括 12 家全国性股份制商业银行，12 家城市商业银行和 5 家农村商业银行。

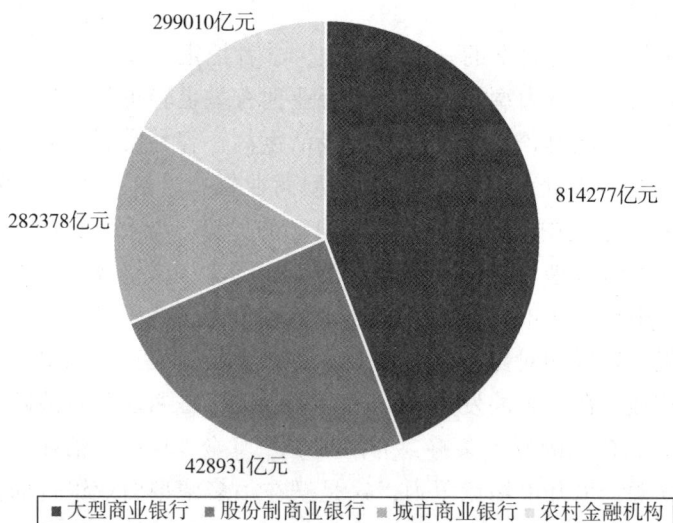

■ 大型商业银行　■ 股份制商业银行　■ 城市商业银行　农村金融机构

资料来源：Wind 资讯。

图 5-1　2016 年末我国银行业金融机构资产规模分布情况

按资产规模，全国主要商业银行排名如表 5-1 所示。

表 5-1　　　　　　　　　　2016 年末我国主要商业银行排名

排名	机构名称	资产规模（亿元）	核心一级资本净额（亿元）	净利润（亿元）	成本收入比（%）	不良贷款率（%）
1	中国工商银行	241372.65	18749.76	2791.06	25.91	1.62
2	中国建设银行	209637.05	15498.34	2323.89	27.49	1.52
3	中国农业银行	195700.61	12310.30	1840.60	34.59	2.37
4	中国银行	181488.89	12808.41	1840.51	28.08	1.46
5	交通银行	84031.66	5681.31	672.10	31.60	1.52
6	中国邮政储蓄银行	82656.22	3448.17	397.76	66.44	0.87

续表

排名	机构名称	资产规模（亿元）	核心一级资本净额（亿元）	净利润（亿元）	成本收入比（%）	不良贷款率（%）
7	兴业银行	60858.95	3251.69	538.50	23.39	1.65
8	招商银行	59423.11	3887.62	623.80	28.01	1.87
9	中信银行	59310.50	3425.63	416.29	27.56	1.69
10	中国民生银行	58958.77	3386.74	487.78	30.98	1.68
11	浦发银行	58572.63	3306.96	536.78	23.16	1.89
12	中国光大银行	40200.42	2188.76	303.88	28.77	1.60
13	平安银行	29534.34	1700.88	225.99	25.97	1.74
14	华夏银行	23562.35	1328.56	197.56	34.50	1.67
15	北京银行	21163.39	1251.02	179.23	25.81	1.27
16	广发银行	20475.92	1040.76	95.04	34.00	1.59
17	上海银行	17553.71	1155.45	143.25	22.89	1.17
18	江苏银行	15982.92	835.22	106.37	29.21	1.43
19	浙商银行	13548.55	674.38	101.53	27.71	1.33
20	恒丰银行	12085.19	620.88	91.65	32.16	1.78
21	南京银行	10639.00	520.50	83.46	24.80	0.87
22	盛京银行	9054.83	461.65	68.78	19.31	1.74
23	宁波银行	8850.20	452.02	78.23	34.26	0.91
24	渤海银行	8561.20	413.83	64.73	34.61	1.69
25	重庆农村商业银行	8031.58	527.50	80.01	37.51	0.96
26	徽商银行	7547.74	465.21	69.96	27.55	1.07
27	北京农村商业银行	7241.69	399.25	55.10	39.18	0.92
28	杭州银行	7204.24	384.52	40.21	30.23	1.62
29	上海农村商业银行	7108.81	439.91	59.76	37.78	1.29
30	成都农村商业银行	6731.49	340.79	43.77	32.19	1.12
31	广州农村商业银行	6609.51	368.33	51.06	32.98	1.81
32	天津银行	6567.82	414.70	45.18	27.52	1.48
33	厦门国际银行	5635.27	393.81	42.26	21.05	0.70
34	锦州银行	5390.60	399.45	81.99	14.83	1.14
35	哈尔滨银行	5390.16	368.41	49.62	28.60	1.53

资料来源：《2017 年中国银行业 100 强榜单》。

本文把表 5-1 中除前六名以外的商业银行统一称为中型商业银行。

二、我国中型商业银行面临的竞争环境

(一) 直接融资的影响

一直以来，银行都是企业融资的主渠道，我国也一直都是银行主导型国家。但随着直接融资的发展，金融脱媒现象开始出现，非金融企业股票融资规模和企业债券融资规模不断增加，在社会融资规模中的占比逐步提升。银行贷款的占比一度降低至 50% 左右，近两年有一些回升，稳定在 70%。直接融资市场的发展分流了银行的客户与资金。一些大型企业集团是间接融资的重要客户，但往往被国有银行所垄断，使中型商业银行，特别是区域性银行的贷款业务受到了很大的挑战。

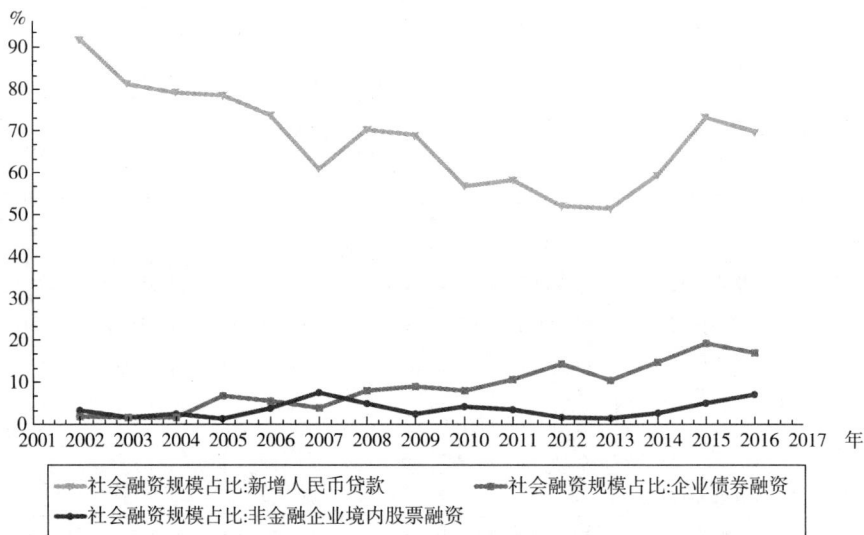

资料来源：Wind 资讯。

图 5-2　社会融资规模情况

随着资本市场的成熟，银行的优质客户将越来越青睐直接融资市场，特别是信用好、实力强的大中型企业，商业银行的客户结构将会更加偏向于中小型企业，这对银行经营客户、经营风险的能力提出了更大的挑战。因此，对商业银行来讲，更早地开展综合经营，为客户提供全方位、综合化的服务是留住优质客户、提升市场竞争力的重要手段。

（二）利率市场化的影响

利率市场化改革是我国近些年金融改革的重点，改革的目的是充分发挥利率在资金配置中的作用。从 1993 年开始，国家就提出要进行利率市场化改革，2013 年放开金融机构贷款利率管制，2015 年放开商业银行和农村合作金融机构存款利率浮动上限。随着利率市场化改革的逐步深入，长期受利率保护的商业银行感受到了市场的压力。总体而言，银行存款利率一直低于市场利率，随着利率限制的放开，存款利率开始上升，提高了商业银行的付息成本，减少了利差收入。大型银行有着网点多、经营范围广的优势，以及国家信用的支持，息差收窄的程度要低于中型商业银行。从原中国银监会发布的数据也可以看出，大型银行净息差较城市商业银行高 12 个基点，较股份制商业银行高 24 个基点。

表 5 - 2　　　　　　　　　　　商业银行净息差情况　　　　　　　　单位:%

日期	大型商业银行	股份制商业银行	城市商业银行
2017 年 3 月	1.99	1.85	1.97
2017 年 6 月	2.02	1.83	1.95
2017 年 9 月	2.05	1.84	1.94
2017 年 12 月	2.07	1.83	1.95

资料来源：Wind 资讯。

利率市场化对中型商业银行的影响是十分重大的。利差的收窄会迫使银行投放更多的贷款，甚至是高风险高收益的贷款，这对银行的经营管理能力提出了更高的要求。中型商业银行收入来源单一，定价能力不高，普遍缺乏量化模型研究和系统支持，贷款质量对经营的影响较大，如果遭遇行业性风险，盈利能力将大大下滑，乃至出现破产被收购的情形。

（三）经营区域的影响

我国监管部门在中小银行跨区域经营方面曾经出台过鼓励和支持政策，2009 年 4 月 16 日，中国银监会办公厅出台了《关于中小商业银行分支机构市场准入政策的调整意见（试行）》，在审批方面持放松态度，后来因多种原因逐步收紧了中小商业银行的跨区域扩张。中型商业银行在发展过程中的地域限制比较明显，像北京银行等最先一批跨区域发展的银行得以保持在全国范围经营的优势，而后来的中型商业银行就被关在了大门之外，只能在一个区域开展经营，无法利用不同区域资金调配而获得收益。从一些学者的分析中可以看出，跨区域经营对提升银行业绩呈正向影响，可以增加市场份额，显著提高净息差，改善收入结构等，当然也会造成运营成本上升①。大型银行的经营区域遍及全国，可以更加有效地利用市场机会和区域发展机遇，这是很多在单一区域经营的中型商业银行所不具备的。

（四）互联网金融的影响

近年来，互联网金融迅猛发展，从贷款到透支消费，从保险到理财业务，渗透的领域涉及金融业的很多方面，虽然短期内还很难撼动银行的主导地位，但对我国传统商业银行的冲击已经十分明显。比较具有代表性的产品是余额宝，自 2013 年 6 月推出以来一直呈现快速增长趋势，经过一个相对稳定的平台期后，在 2017 年又继续快速扩张。此外，很多互联网企业开始涉足银行业，腾讯设立了微众银行，阿里巴巴设立了网商银行，互联网金融业务广泛涉及理财、货币基金、支付、保险等多种业务。像蚂蚁金服经过十多年的发展，在支付、营销、信用等诸多领域都能够提供完整的运营及风控解决方案，产品和服务广泛应用于消费金融、医院、出行、共享经济等行业领域。这些都会对中型商业银行传统的个人业务产生巨大冲击。

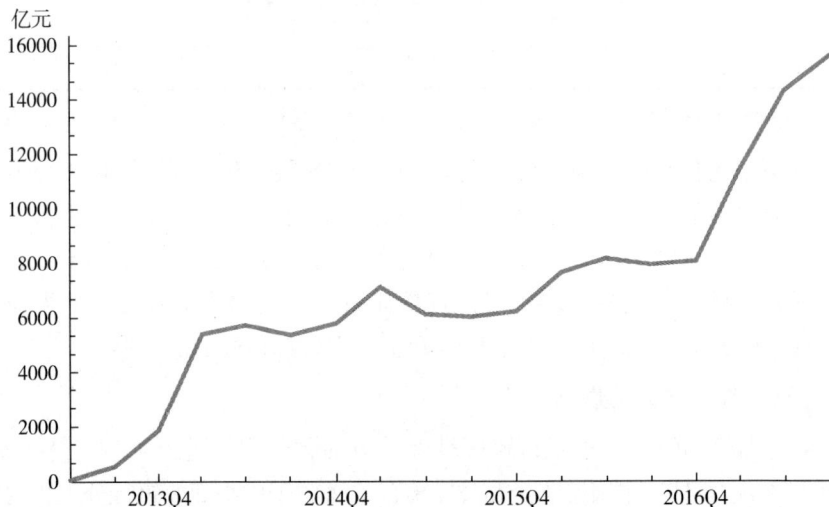

资料来源：Wind 资讯。

图 5 – 3　余额宝规模变化趋势

---

① 蔡卫星. 分支机构市场准入放松、跨区域经营与银行绩效 [J]. 金融研究，2016（6）：130 – 140.

而与互联网企业相比，传统银行存在一些天然的劣势，"如机构规模大、反应速度慢，服务意识较差"①。更为重要的是银行与互联网企业的思维差异，银行是机构本位，而互联网企业是客户本位；银行是线性层次路径，互联网企业是多维网状路径。中型商业银行在发展过程中要积极借鉴互联网企业的优势，其中真正以用户为中心的理念最为重要，而综合经营与这一观念是一致的。只有真正从客户需求出发，提供一站式的综合化金融解决方案，才是中型商业银行未来发展的重点。

（五）区块链等新技术的影响

近年来，以大数据、区块链为代表的金融科技迅速发展，银行业在积极地吸收借鉴这些新技术和新理念。以区块链为例，去中心化、去特权化、无须信任维护是它最重要的三大特征，可以广泛地应用到跨境支付、供应链金融、票据市场、资产证券化等领域，成为提高金融效率、完善金融基础设施的重要手段。"目前，全球各大商业银行纷纷看准区块链在银行业的应用前景，摩根大通、巴克莱银行、高盛集团等9家知名金融机构共同投资初创型公司R3，委托其为区块链技术在银行业的使用制定相关标准"②。国内银行中，民生银行加入了R3，招商银行、中信银行等也开始涉足区块链，中信银行上线的首个基于区块链信用证应用交易金额已超过10亿元。但大多数银行还处于观察阶段，真正参与的不多。很多专家认为区块链、人工智能、大数据技术将会重塑银行业的经营模式，这就需要中型商业银行加快吸收借鉴新的理念和技术，提升组织运行效率，培养有专业知识和创新创意能力的专业团队，采取有针对性的应对举措，从而跟上时代发展的步伐。

三、我国中型商业银行经营发展中遇到的瓶颈和问题

对中型商业银行来讲，越来越感到原有的业务模式进入了发展瓶颈期，发展所面临的困难日益增多。中型商业银行长期奉行的"跟随式"发展模式，导致金融服务同质化严重，没有特色导致缺乏发展后劲；在公司治理上，中型商业银行经营时间短，人员、系统与国有银行相比基础偏差，内控管理制度不完善，现代企业的公司治理模式还未有效建立；在业务发展

①　中国中小银行发展论坛，中国直销银行联盟.中国中小银行发展报告（2017）[M].北京：社会科学文献出版社，2017：21.
②　刘瑾.区块链技术对货币体系及政策的影响分析[J].清华金融评论，2018（2）：66.

上，粗放经营，产品品种少，城市商业银行、农村商业银行跨区域发展受限，难以实现规模效应。

（一）传统业务发展后劲不足

金融脱媒的影响日益增强。在贷款方面，越来越多的优质大型企业开始转向资本市场融资、成立财务公司内部调剂资金余缺、发行债券和融资工具融资，银行贷款客户呈现不断被分流的状况。大型银行还有综合化优势和行政背景来维系大型集团客户，而中型商业银行开始逐步沦为廉价资金的提供者，一旦市场资金充沛，优质客户将快速流失。在存款方面，存款一直被视为银行经营的重点，"存款立行"经常被银行视为重要的经营战略。但一段时间以来，存款的增长速度放缓，同比增速已经降到个位数，居民与企业管理财富的手段和方法已经发生了很大改变。

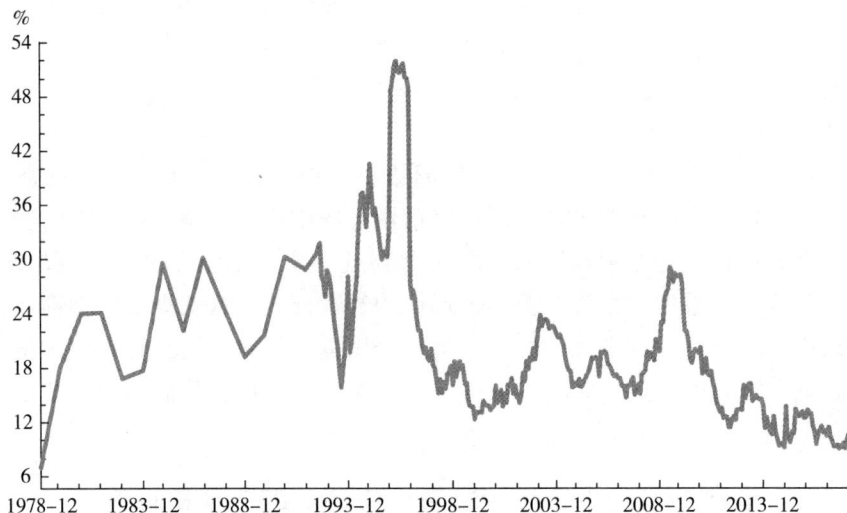

资料来源：Wind 资讯。

图 5-4　我国各项存款增速变化情况

（二）业务转型步伐亟待加快

存贷款业务的规模和定价影响银行的利息收入，而在非息收入方面，中型商业银行同样有较大的劣势。相对于国外同业，我国商业银行经营转型处于起步阶段，非息收入占比不高，中型商业银行则更低。

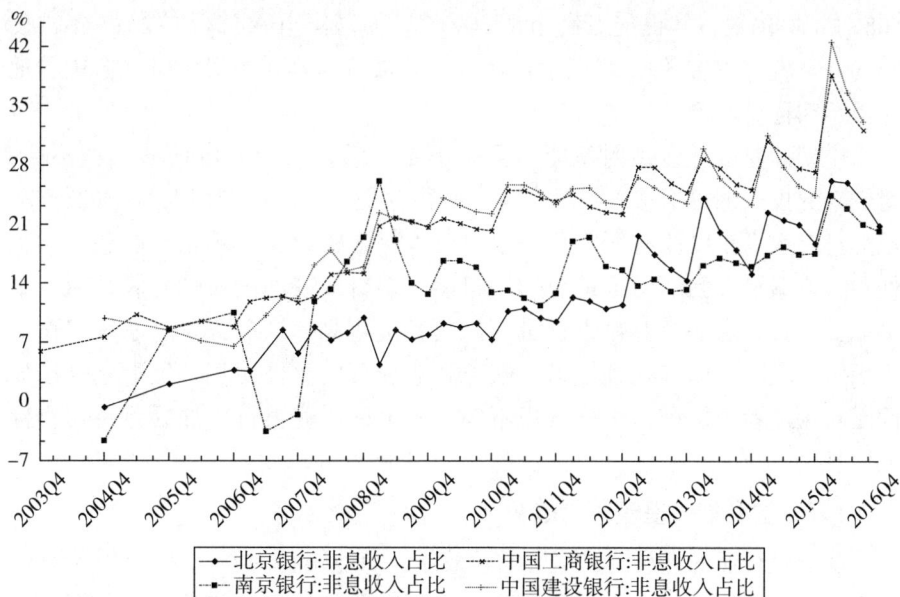

资料来源：Wind 资讯。

图 5 - 5　部分商业银行非息收入占比

从图 5 - 5 可以看出，工商银行和建设银行两家大型银行非息收入占比要明显高于北京银行、南京银行等中型商业银行。境外很多银行都非常注重经营特色的塑造，如香港的汇丰银行是分布最广、体量最大的银行，恒生银行则侧重于人情味和优质服务，渣打银行在宣传中注重体现历史悠久和英资背景。我国的中型商业银行中，具有鲜明品牌特色的银行还太少，很多都在强调服务中小企业、服务百姓，但真正去研究这些客群的综合金融需求、设计相关产品的机构还不多。

（三）金融创新能力不足

当前银行业的创新产品主要以吸纳性、移植性为主，简单模仿国内外同业的创新产品。创新的领域也更多地集中在传统的存贷款领域，虽然数量不少，但缺乏质量，更多的是简单的包装和改良，创新中的创意成分缺乏。同时，金融产品的易模仿性也在某种程度上降低了银行在创新领域的投入，使创新性产品与客户需求之间存在较大差异。另外，分业监管也在一定程度上限制了创新的发展。我国商业银行持有的专利数量不多，据《中国知识产权报》报道，截至 2018 年 7 月 19 日，工商银行共提交专利申请 1186 件，建设银行共提交专利申请 1114 件，农业银行共提交专利申请

508 件，中国银行共提交专利申请 609 件。而国家电网公司在 2017 年被授予的专利就有 3622 件，我国银行持有专利数量与其在国民经济社会中的地位极不相称。

中型商业银行金融创新能力更是不足，对金融专利申请的热情不高，对创新的投入也很不够。相对来讲，银行业是一个高门槛但低竞争的行业，虽然息差水平较以往有所降低，但仍可以保证银行获得不错的收益，这也使银行普遍缺乏创新的紧迫感和危机感，银行发展的同质性比较严重。中型商业银行普遍缺乏基础性研究，缺乏长远规划，产品开发、系统建设等方面缺乏联动，标准化程度低，缺乏企业内部的整体协调。加上宏观层面缺乏对创新者的保护，法律法规不健全，中型商业银行更加看重短期目标的实现。

（四）盈利能力呈现下滑趋势

随着银行业的开放以及经济增速放缓，商业银行的资产利润率（ROA）在逐年降低，相对于大型银行来讲，中型商业银行由于经营区域有限、业务品种单一，受到的影响更大。

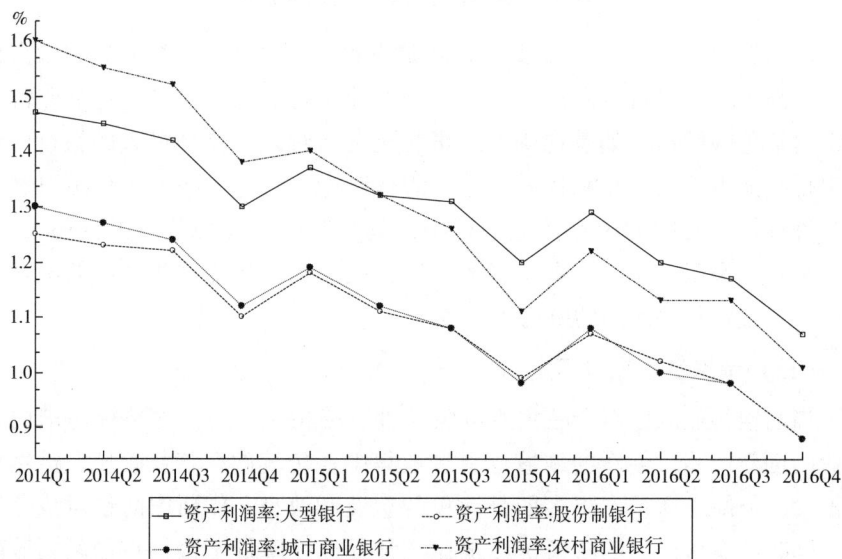

资料来源：Wind 资讯。

图 5－6　资产利润率变化趋势

从图 5－6 可以看出，虽然行业的资产利润率呈现出下降的趋势，以城市商业银行和股份制商业银行为代表的中型商业银行的资产利润率要明显低于大型商业银行。

（五）资产质量转差

从银行业整体情况看，不良贷款率在经历了 21 世纪初的大幅下降以后，近两年又开始出现反弹趋势，近期稳定在 1% ~ 2% 之间。大型国有银行、股份制银行、城市商业银行的不良贷款率基本趋同，没有因为体量的差异而呈现不同的变动趋势。由于近年来国民经济增长速度放缓，依赖资金投入的基础设施项目、房地产项目和地方融资平台风险进一步释放，违约风险上升，导致银行资产质量转差。中型商业银行一直以来都和地方政府走得比较近，对地方经济发展做出了重要贡献，但也导致了信贷结构失衡，信贷资源大多用于固定资产投资和地方融资平台，因而风险更加集中，受经济回调的影响也更大。

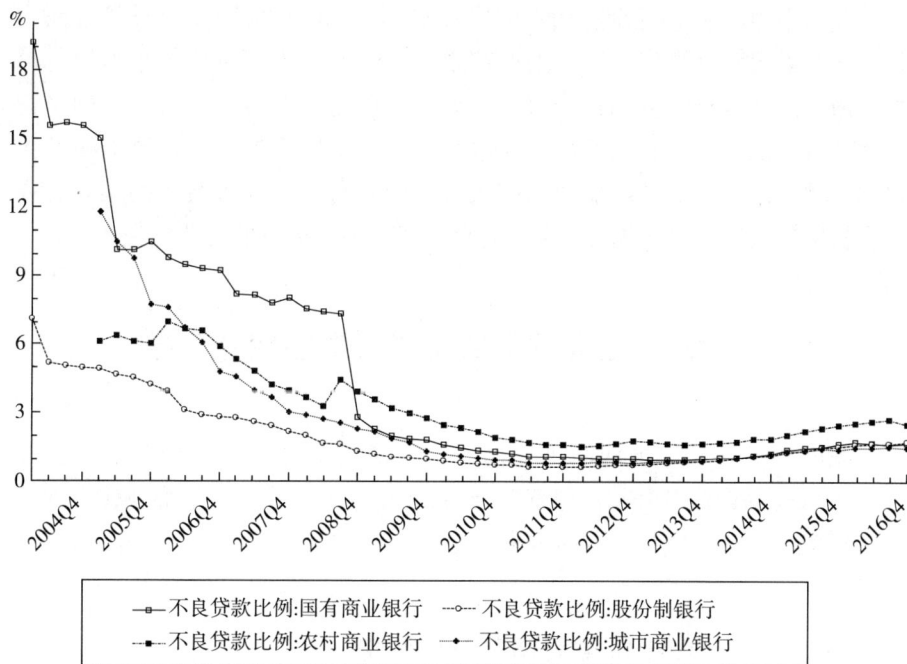

资料来源：Wind 资讯。

图 5 - 7　银行不良贷款率变动趋势

（六）资本金不足的压力

随着监管政策趋严，利差收窄，银行的盈利能力下降，同时近期国家积极推动商业银行回归本源，回归表内，导致中型商业银行资本金补充的压力增加。这就要求中型商业银行一方面要积极发展轻资产业务，减少资本消耗，优化化解金融风险；另一方面也要积极寻求资本金补充渠道，通过引入战略投资者、财务投资者，以及上市等通道实现资本金的有效补充。

(七) 人力资源面临的挑战

随着银行业改革的深入，对银行人力资源管理的要求越来越高，但由于经营模式长期以来没有较为深刻的变化，人力资源粗放式发展的局面一直没有真正改变，人才质量不高。中型商业银行受制于发展历史短、品牌价值弱、吸引力不足等因素，在中高端金融、法律、投资等领域人才更加缺乏。在收入分配方面，除了民生银行等市场化机制较强的银行，很多中型商业银行依旧延续传统的收入分配策略，平均主义盛行，官本位意识浓厚，这些都非常不利于专业性人才的培养与提升。

我国中型商业银行没有大型银行在机构、人才、客户、声誉等方面的优势，可以四面出击，获取金融改革带来的红利，也不可能像小型银行那样，通过固守传统业务和传统客户，发展一些特色业务，取得不错的经营业绩。可以说，中型商业银行正在逆水行舟，不进则退，但如果能够抓住机遇，顺势而上，很有可能快速跨入大型银行行列，成为行业的领导者或者在特定领域形成专业优势和品牌特色，成为细分市场的行业领先者。

第二节　我国中型商业银行综合经营探索

我国"十三五"规划明确提出，要"稳妥推进金融机构开展综合经营"，"强化综合监管和功能监管"。经过多年发展，我国中型商业银行在客户、渠道、管理、风控等方面都取得了一定的进步，具备了综合经营的基本条件。

一、中型商业银行综合经营总体状况

目前，以股份制银行、城市商业银行、农村商业银行为主体的中型商业银行均积极开展综合经营。部分股份制银行已拥有了证券、信托、保险、金融租赁、基金等牌照，正逐步加快进入综合经营相关领域。

表 5-3　　　　　　　　　　中型商业银行非银金融牌照情况

机构名称	金融租赁	保险	基金	期货	信托	证券
兴业银行	√		√		√	
招商银行	√	√	√			√
中信银行	√					√
中国民生银行	√		√			√
浦发银行	√		√		√	√
中国光大银行	√					√
平安银行						
华夏银行	√					
北京银行	√	√	√			
广发银行						
上海银行			√			√
江苏银行	√					
浙商银行	√					
恒丰银行						
南京银行	√		√			
盛京银行						
宁波银行	√		√			
渤海银行						
重庆农村商业银行	√					
徽商银行	√					
北京农村商业银行						
杭州银行						
上海农村商业银行	√					
成都农村商业银行	√					
广州农村商业银行	√					
天津银行	√					
厦门国际银行						
锦州银行	√					
哈尔滨银行	√					

注："√"表示商业银行已经取得的金融牌照。以上只列示了商业银行通过控股或参股的方式获得的金融牌照，商业银行通过母公司获得的金融牌照没有列入其中，证券牌照一般为借道香港等境外设立。

（一）股份制银行的综合经营较为深入

29 家中型商业银行中，兴业银行、招商银行、浦发银行均拥有除银行外的证券、信托、保险、金融租赁、基金等多个金融牌照。以浦发银行为例，"目前除银行主业以外，还涉及基金、信托、金融租赁、境外投行、科技银行、村镇银行、货币经纪等多个金融业态"，浦发银行也在多元化经营的过程中，拓宽了利润来源，实现了快速发展，集团资产规模在 2017 年末达到 61350.61 亿元，在同类股份制银行中保持了优势，逐步成长为一家业务结构合理、发展迅速、风险抵御能力较强的中型商业银行，也成为上海市着力打造的一家金融控股集团。

（二）城市商业银行、农村商业银行综合经营发展进程差距较大

29 家中型商业银行中，城市商业银行、农村商业银行大多为区域性金融机构，综合经营起步较股份制银行晚，普遍拥有牌照较少，但发展进程不一，个别银行综合经营发展较快。如北京银行，该行是 1996 年 1 月在北京市城市信用合作社基础上组建而成的，1998 年更名为北京市商业银行，2004 年再次更名为北京银行。北京银行成立后，在进行分支机构全国性布局的同时，业务范围不断扩大。2010 年，该行通过设立消费金融公司，入股保险公司，并新设多家异地分行，成立中关村分行，经营规模迅速攀升，2017 年末资产规模达到 2.33 万亿元。而很多城市商业银行、农村商业银行除了获取了较为容易获得的金融租赁牌照外，在多元化发展方面进展不大。

二、中型商业银行实施综合经营的具体实践

大型银行综合化发展虽然可以进一步优化流程，提升人力资本和信息技术能力，但这些效率的改进往往也会带来成本的大幅增加，企业融合的难度很大。相反，中型商业银行由于处于综合经营的初期，带来的规模经济效应和范围经济效应要明显好于大型银行，加上体量有限，企业之间融合的难度相对较低。在参与非银行业务方面，中型商业银行参与最多的是消费金融、金融租赁等与传统银行业务相类似的领域。如持牌的消费金融公司大部分都是由商业银行发起设立的，兴业银行、北京银行、上海银行等中型商业银行也都有自己的消费金融公司；金融租赁业务更是很多银行"跨界"经营的首选，"有银行背景的金融租赁公司数量占比超过 70%"[①]，

---

① 向世文. 金融租赁业专业化升级的发展方向 [J]. 中国农村金融，2018（5）：30.

其中很多都是中型商业银行。另外，一些起步早、能力强的中型商业银行也已经开始涉足保险、信托、证券等金融业务。

（一）参与保险业务

国有银行已经完成了保险业的布局，银行系保险公司依托母银行庞大的客户资源和营销网络，都取得了不错的业绩，迅速扭亏为盈，偿付能力大幅提升。一些中型商业银行也开始发力保险领域，通过并购的方式进入保险行业，如北京银行并购首创安泰人寿保险有限公司。首创安泰人寿保险有限公司成立于 2002 年，由首创集团和 ING 保险公司各自持有 50% 的股份。2010 年 2 月，"北京银行出资 6.818 亿元收购首创安泰 50% 的股权，每股价格 1.515 元，共 4.5 亿股。交易完成后，北京银行和荷兰保险有限公司将各持有首创安泰人寿保险有限公司 50% 的股权"[①]。保监会文件（保监国际〔2010〕501 号）显示，2010 年原保监会批准首创安泰人寿保险有限公司变更为"中荷人寿保险有限公司"（ING – BOB Life Insurance Company Limited）。

从北京银行并购首创安泰人寿保险有限公司后的发展看，此次战略并购发挥了协同效应，为并购双方创造了价值。保险业务逐步融入北京银行传统的业务之中，提高了渠道资源的利用率和整体服务能力，也加深了客户的信任度和忠诚度。同时，保险产品期限长，与银行传统的中短期产品形成了很好的互补关系，也分散了经营风险，实现了多元化经营。但也有很多的不足，这在银行系保险公司的经营表现中有一定程度的体现：一是资本金压力大，随着保险业务的快速发展，资本金不足的情况开始出现，需要股东进一步增资；二是过于依赖银行渠道，很多银行系保险公司银保渠道保费收入占比超过 90%，个险、团险渠道开发不足；三是投研能力偏弱，寿险业务具有"长负债、短资产"的特点，对资产保值增值要求较高，银行系保险公司的研究能力普遍偏弱，在银行母公司的资源得到充分挖掘后，发展势头放缓的情况突出。

（二）参与信托业务

随着金融业的发展，国内一些银行开始认识到收购信托业务是开展综合化经营的重要战略。对信托公司来讲，由于自身经营的特点，独立发展

① 刘璐. 经营模式转型是否为股东创造价值——以北京银行并购首创安泰为例［J］. 财会通讯，2016（4）：5.

的效果往往不佳，相反那些与银行形成良性互动的公司则有着较好的经营业绩。这就促进了银行业与信托业的并购，通过并购实现优势互补，促进金融创新，激发双方的创新活力。到目前为止，全国 68 家信托公司中已经有 4 家为银行系信托公司。各有两家大型银行和中型商业银行设立或并购信托公司。

表 5 – 4 　　　　　　　　　　　银行系信托公司情况

年份	主导重组方	被重组公司	权重	金额
2007	交通银行	湖北国投	85%	12.2 亿元
2009	建设银行	兴泰信托	67%	34.09 亿元
2011	兴业银行	联华信托	51.18%	8.52 亿元
2016	浦发银行	上海信托	97.33%	163.52 亿元

在兴业银行并购联华信托的案例中，联华信托注册资本为 5.1 亿元，"原股东新希望集团有限公司、四川南方希望实业有限公司、福建华投投资有限公司分别持有联华信托 15.69%、25.49% 和 31.96% 的股权"①。并购以后，联华信托更名为兴业国际信托，实现了与兴业银行的资源共享，形成发展合力。

信托业横跨实业、货币与资本三大市场，业务手段多样，资金运用灵活，因此银行并购信托公司可以实现优势互补。一是银行可以改善资金结构，调整贷款比例，实现多元化投资，增加中间业务收入；二是银行可以通过银信合作降低信用风险，信托公司可以降低融资成本，发挥综合经营优势；三是信托公司的资金可以投向多个市场，帮助银行拓宽投资范围；四是商业银行可以利用信托牌照开展股权投资，在资产证券化、房地产投资信托、直接股权投资等领域，信托公司拥有更多机会。

（三）参与证券业务

与信托牌照一样，证券牌照同样非常难以获得，即便像工商银行、农业银行、中国银行、建设银行这样的大型国有银行，也不得不借道香港设立投资银行，来参与到证券承销发行业务中去。在中型商业银行中，兴业银行就通过收购的方式获得了华福证券的股东资格。华福证券的证券资格非常全面，通过持股证券公司，兴业银行不但可以涉足证券业，而且也为

---

① 胡挺，王继康. 银信混业经营、价值创造与风险水平——以兴业银行并购联华信托为例 [J]. 经济问题探索，2013（12）：108.

未来扩展业务领域、提升交易能力、形成现代投行机制、最大化发挥好券商的研究能力和银行的资金与渠道优势打下了坚实的基础。目前银行与证券业务的合作主要体现在：银行开展证券业务承销；各自利用自身优势，帮助企业完成并购重组、配股融资等活动，提供财务咨询服务；开展资产托管和资产证券化方面的合作。

在分业经营状况下，证券业和银行业的业务模式都比较单一，一些金融业务规模一直做不大，如 FICC（Fixed Income，Currencies & Commodities），即固定证券收益、货币和商品。国际投行利用 FICC 业务获得了丰厚的利润，如"代理客户执行固定收益证券、外汇和大宗商品交易获取佣金收入；通过做市商服务为几种标的物的市场交易提供流动性获取价差收益"[1]。一些国际投行的 FICC 业务甚至可以占到其总收入的一半以上。

在国内，银行是债券和外汇的参与主体，大部分债券都是银行作为主体在交易，外汇更是只有银行才有资格经营，不过在大宗商品方面，银行涉足就没有那么深。有学者认为，FICC 业务是未来金融市场发展的必然之路，商业银行发展 FICC 业务有着很好的优势，但传统的业务模式要做出改变。银行要摒弃静态管理的投资风格，"静态投资管理在会计处理上可以屏蔽或延缓浮盈浮亏对于利润的冲击，确保会计利润的可控性，也降低了对于交易能力的要求，是一个省心又省钱的投资模式，但其负面是投资收益低"[2]。中国的 FICC 业务还有很长的路要走，需要参与的人才更加专业化，金融机构业务也要更加综合化。

第三节　业务创新中综合经营的发展机会

一、投贷联动

我国高度重视创新发展，2016 年中共中央、国务院颁布《国家创新驱动发展战略纲要》，提出要建设科技强国。科技的发展离不开金融的支持。2016 年 4 月，人民银行等三部门联合下发《关于支持银行业金融机构加大

---

① 梁琰. 国内外 FICC 业务的发展状况 [N]. 期货日报，2015 - 09 - 29（3）.
② 张海云，高健，洪正华. 既要有效市场，又要有为监管 [J]. 当代金融家，2015（3）：37 - 38.

创新力度开展科创企业投贷联动试点的指导意见》（以下简称《指导意见》），鼓励银行开展投贷联动试点。简单来说，就是允许银行以"债权＋股权"的金融服务模式为企业提供融资支持。试点银行包含国家开发银行、中国银行、北京银行等十家银行和北京中关村、武汉东湖等5个国家自主创新示范区。这种股权融资与债权融资相结合的模式，允许试点银行通过具备投资功能的子公司介入投贷联动，在某种意义上是银行进行股权投资方面具有突破性意义的安排。投贷联动虽然主要服务于科创型企业①，但意义重大，体现了商业银行综合经营发展的进一步深入。可以说，在优化收入结构，创新服务方式过程中，投贷联动既是商业银行介入股权投资的"试金石"，也是经营转型的重要推手②。

表5－5　　　　　　　　　　　　投贷联动试点情况

试点银行	试点地区
国家开发银行	北京中关村国家自主创新示范区
中国银行	上海张江国家自主创新示范区
恒丰银行	天津滨海国家自主创新示范区
北京银行	武汉东湖国家自主创新示范区
天津银行	西安国家自主创新示范区
上海银行	
汉口银行	
西安银行	
上海华瑞银行	
浦发硅谷银行	

从国际经验看，很多国家都允许银行开展投贷联动模式的融资服务，特别是像德国这样的全能银行制国家，但对于投资金额比例有一定限制，以规避风险过于聚集。德国要求银行对非金融企业的投资不得超过其自有资金的60%，日本要求银行出资不得超过企业股份的5%。《指导意见》明确投贷联动是指银行业金融机构以"信贷投放"与本集团设立的具有投资功能的子公司"股权投资"相结合的方式，通过相关制度安排，由投资收

---

① 陈隽侃. 集团化视角下商业银行投贷联动业务研究 [J]. 福建金融, 2016 (6)：65.
② 郑超. 我国商业银行投贷联动的运作模式及发展策略 [J]. 南方金融, 2016 (6)：21.

益抵补信贷风险，实现科创企业信贷风险和收益的匹配，为科创企业提供持续资金支持的融资模式。在组织架构方面，可以设立投资功能子公司或者科技金融专营机构。同时也规定了一些业务管理要求，如建立"防火墙"，投资功能子公司只能利用自有资金进行投资，对一家科创企业的投资不得高于自有资金的 10% 等。

当前投贷联动的开展形式主要有三种，分别是持牌模式、境外子公司模式和 VC/PE 合作模式。

（一）持牌模式

持牌模式主要指商业银行设立投资子公司开展股权投资，贷款由银行的专业部门或特色分支机构来完成。上海银行就采用了浦东科技支行 + 上银投资的组合。持牌模式比较好地解决了机构的分离问题，但由于《指导意见》比较宽泛，投贷联动模式中股权投资部分的风险权重没有清晰规定。如果按照现行法规，《商业银行资本管理办法（试行）》规定，商业银行对金融机构的股权投资（未扣除部分）的风险权重为 250%，对被动持有的对工商企业股权投资在法律规定处分期限内的风险权重为 400%，对因政策性原因并经国务院特别批准的对工商企业股权投资的风险权重为 400%，对工商企业其他股权投资的风险权重为 1250%。另外就是自有资金的限制，设立投资子公司只能利用自有资金。而原中国银监会《中资商业银行行政许可事项实施办法》（2017 年 7 月修订）第三十三条规定，中资商业银行在申请投资设立、参股、收购境内法人金融机构时，"权益性投资余额原则上不超过其净资产的 50%（合并会计报表口径）"。资本金偏小的中小银行在开展投贷联动业务时会受到一定的限制。

（二）境外子公司模式

如果不是试点机构，那么商业银行就无法采用持牌模式进行投贷联动，因此一些名单外的商业银行就采取了境外子公司模式。由在香港或其他境外地区子公司在境内设立的子公司负责股权投资，商业银行不直接开展股权投资，这符合《商业银行法》的相关要求。这一模式面临的一个挑战是内部利益输送，使某些企业得以逃废债务。

表 5 – 6　　　　　　　　　商业银行投资子公司情况

商业银行	投资平台	投资/管理机构
建设银行	建银国际资产管理有限公司	建银国际医疗股权投资机构
		建银文化产业投资机构
		建银优势资源创业投资机构
中国银行	中银集团投资有限公司	广东中小企业股权投资机构
		浙商产业投资机构
	中银国际控股有限公司	渤海产业投资机构
		中国文化产业投资机构
工商银行	工银国际投资有限公司	海南国际旅游产业投资机构
交通银行	交银国际资产管理有限公司	交银国际成长企业直投基金
农业银行	农银国际控股有限公司	农银（无锡）股权投资机构
招商银行	招银国际金融有限公司	江苏招银现代产业股权投资基金

资料来源：联讯证券《投贷联动，我们能从硅谷模式中学到什么？》.

（三）VC/PE 合作模式

VC/PE 合作模式主要指商业银行与 VC/PE 建立投贷联盟，开展投贷联动业务。商业银行在这一模式下利用风投机构的专业经验，以跟贷的方式控制风险，同时也会设立兜底条款来保护自身利益。还有的会采用"贷款＋选择权"模式，商业银行在合作时与风投机构约定，未来如果投资企业通过 IPO，股权转让或被并购后风投机构抛售所持股权，获得收益双方共享。在投贷联动过程中，商业银行往往还会要求被投资企业采用该行的财务顾问、资金结算等业务，一方面可以拓展传统业务，另一方面也便于了解被投资企业的经营情况。

二、资产证券化

资产证券化（Asset – backed Securities，ABS）指以基础资产未来所产生的现金流为偿付支持，通过结构化设计进行信用增级，在此基础上发行资产支持证券的过程。资产证券化是盘活存量资产、提高资金配置效率、服务实体经济的重要金融工具。在资产证券化过程中，银行的风险发生了改变，"贷款证券化导致商业银行不但回收了间接融资市场的信贷风险，还主动地吸纳了证券市场的投资风险，把商业银行推入全面的市场风险中"①。我国的资产证券化始于 2005 年，银行在这项业务中扮演着非常重要的角色，一方面银行拥有庞大的金融资产，证券化潜力巨大，另一方面银行也有着庞大的资金和客户群，中介地位非常重要。

　　我国资产证券化模式主要有：人民银行和银监部门主管的信贷资产 ABS（信贷 ABS）、证监会主管的非金融企业专项资产证券化（企业 ABS）、交易商协会主管的非金融企业资产支持票据（ABN）以及保险资产管理公司项目资产支持计划。四种资产证券化模式在发起人、基础资产等方面都有所差异。

表 5 – 7　　　　　　　　　　　　四种资产证券化模式比较

项目	信贷 ABS	企业 ABS	ABN	资产支持计划
主管部门	人民银行、原银监会	证监会	交易商协会	原保监会
发行主体	银行及其他金融机构	金融机构、非金融企业	非金融企业	未明确规定
SPV	特殊目的信托	券商资管或基金子公司发行管理的资产专项计划	设立 SPV 的破产隔离结构	资产支持计划
基础资产	银行信贷资产	企业应收账款、BT 回购款、信贷资产、门票收入、基础设施收费、信托受益权、商业地产租金收入等	企业应收账款、租赁债权、信托受益权；以及基础设施、商业物业等不动产财产或相关财产权利	能直接产生独立持续现金流的资产、财产权利
审核方式	审批制	备案制	注册制	初次申报核准，同类产品事后报告
发行方式	公开或定向	公开或非公开	公开或非公开定向	公开或非公开
流通市场	银行间债券市场	各类交易所	银行间债券市场	保险交易所
信用评级	需双评级	初始评级 + 跟踪评级	公开发行需双评级，定向无要求	初始评级 + 跟踪评级

　　资料来源：中融研究。

---

①　康华平. 商业银行综合经营及风险控制研究［M］. 北京：中国金融出版社，2012：27.

对信贷 ABS 来讲，发行后银行不再承担贷款的信用风险，而是转由投资者承担。通过这一方式，银行将流动性差的贷款打包成证券化产品出售给特殊目的信托（SPT），从而可以获得现金，缓解资本压力，实现资产负债结构的优化。在信贷 ABS 中，发起机构和贷款服务机构、资金保管机构主要是商业银行，发行人主要是信托公司，主承销商多为券商，投资人则包括银行、险资、证券投资基金、企业年金、全国社保基金等，资产可以是不良贷款，也可以是正常的企业贷款、个人消费贷款等。

信贷 ABS 的产品种类比较丰富，有公积金贷款资产支持证券、企业贷款资产支持证券（CLO）、个人汽车抵押贷款资产支持证券（Auto Loan ABS）、个人住房抵押贷款资产支持证券（RMBS）、消费贷款资产支持证券、融资租赁资产支持证券、不良贷款资产支持证券等。从近些年的发行情况看，CLO 和 RMBS 一直是主力，同时 2017 年消费贷款资产支持证券和 Auto Loan ABS 的发行获得了快速增长。随着强监管的到来，一些违规通道业务将受到遏制，资产证券化作为标准化产品将在融资出表等方面发挥更重要的作用。入池资产中信用贷产品、不良资产产品将呈现增加的趋势。

表 5 – 8　　　　　　　　2017 年各类信贷资产支持证券发行情况

类型	发行数量（只）	发行金额（亿元）
CLO	29	1204.83
Auto Loan ABS	32	1094.78
RMBS	19	1707.51
消费贷款资产支持证券	23	1489.36
融资租赁资产支持证券	11	345.67
公积金贷款资产支持证券	0	0
商业地产抵押贷款资产支持证券	1	5.54
不良贷款资产支持证券	19	129.61
总计	134	5977.30

资料来源：中债资信评估有限责任公司报告。

在信贷资产证券化过程中，国有商业银行参与积极，在 2017 年的排名中，作为发起机构和资金保管机构的前十名全部都是国有大型银行和部分股份制银行。一些中型商业银行，甚至小型金融机构也积极参与，如 2014 年资产规模仅 2000 亿元左右的江南农商银行就发行了金额超过 14 亿元的信贷 ABS 产品。这实现了低成本融资，通过资产证券化加快资产周转速度，降低资产负债期限错配对流动性的影响，增加中间业务收入，更为重要的是通过制度建设、系统建设锻炼了队伍，建立起了既了解信贷流程，也了解资产证券化的专业人才团队①。对商业银行来讲，资产证券化是进行流动性管理和风险管理的有效工具，"有利于商业银行降低对传统储蓄存款的依赖程度，甚至降低了经济层面或货币政策的冲击对商业银行的影响程度"，还可以"将未预期的违约风险进行信用增级或者转移给外部投资者，减少其信用风险的暴露"②。随着监管的加强，通道业务、非标业务将会受到极大的限制，信贷资产证券化必将获得很好的发展，未来随着制度、基础设施的健全，发行成本也会大大降低，银行参与的热情将会提升，中型商业银行也应当顺应这一趋势，加快在信贷资产证券化方面的布局，抓紧在制度、人才、系统等方面有所突破。

三、市场化债转股

20世纪90年代末，为了帮助国有商业银行脱困，国家曾经建立四家资产管理公司（AMC）接受四大行剥离的1.4万亿元不良资产。21世纪以来，我国经济呈现出快速发展的总体态势，经济结构持续改善，但也有部分企业经营不善，资金链紧张，债务高企，非金融企业的杠杆率达到较高水平，商业银行的不良贷款规模连续多个季度攀升。在国家"三去一降一补"的大背景下，市场化债转股被广泛提及，成为银行支持配合国企改革和供给侧结构性改革的重要抓手。

2016年，《关于市场化银行债权转股权的指导意见》出台，商业银行参与市场化债转股有了政策法规的规范和指导。《关于市场化银行债权转股权的指导意见》的出台，最为重要的是突出了市场化的特点，避免了上一轮债转股行政性、"一刀切"的色彩。在对企业的要求方面，没有明确规定债转股贷款的分类要求，可以是不良贷款，也可以是一般贷款；在交易结构方面，商业银行不是把债权直接转为股权，而是通过资产管理公司、基金等实施机构，通过交易偿还银行贷款，由实施机构持股，参与企业经营；从资金来看，鼓励实施机构多方筹借资金乃至发行债券；在价格方面，自主协商定价，政府不承担兜底责任；在退出方面，可以借助资本市场退出。

---

① 周静洁. 江南农商行：ABS "试"与"悟"[J]. 中国农村金融，2014（24）：39-41.
② 吕怀立，林艳艳. 商业银行信贷资产证券化的动机与经济后果：一个文献综述[J]. 上海金融，2017（8）：54-59.

同时，要求政府及相关部门不得干预市场化债转股，不能搞债转股"拉郎配"。

本轮市场化债转股意义重大，既有助于改善企业资产负债表，让企业卸下包袱、轻装上阵、焕发生机，有效降低经济整体的杠杆率；也有助于扭转商业银行资产恶化的趋势，更为服务地方经济的众多中型商业银行综合经营发展提供了一个方向。在实践层面，有一些问题没有得到很好的化解，如债转股后银行的身份由债权人转为所有权人，偿还顺位下降，银行给自己的债权做债转股存在道德风险，处理不善会受到市场的质疑。推进债转股较为积极的建设银行就在有些场合采用了发股偿还企业他行债务的做法，通过这种方法规避道德风险，更重要的是把市场化债转股变成争夺其他银行优质客户的手段。

进入 2018 年后，《关于市场化银行债权转股权实施中有关具体政策问题的通知》（发改财金〔2018〕152 号）发布，这是《关于市场化银行债权转股权的指导意见》实施后政府部门的新政策，以问题导向的方式进一步推动市场化债转股更好地落实。相信随着《关于市场化银行债权转股权实施中有关具体政策问题的通知》的实施，市场化债转股项目签约多、落地少的局面将会所有改善。与简单的贷款业务相比，债转股后商业银行将成为企业的所有者，对银行的要求将更高。中型商业银行要密切关注政策变化，合规合法做好债转股业务。

四、商业银行的投行业务

证券业的发展对国民经济的发展有着重要的作用，连接起资金供求双方，实现了资源的有效配置。伴随着金融脱媒趋势的形成，很多银行都在积极开展投行业务，开始注重积累综合经营的经验。传统意义上的投行业务主要是指证券发行承销和证券经纪，而随着金融市场的不断活跃，投行业务逐步从证券承销、经纪业务扩展到"以资产证券化为核心的结构化融资、私募股权投资、收购兼并、围绕金融衍生产品开展的金融工程、资产管理等诸多领域"①。作为资金融通的中介，商业银行和投资银行有着许多不同，主要表现在业务种类、业务功能、盈利模式、面临的风险等方面。

---

① 张坤. 商业银行的投行之路 [J]. 银行家，2015（6）：24.

表 5 - 9　　　　　　　　　　　商业银行与投资银行的差异

	商业银行	投资银行
主要业务	资产负债业务、中间业务	证券承销、并购、基金管理业务等
主要功能	间接融资	直接融资
盈利模式	存贷利差收入	手续费和佣金收入
经营风险	信贷风险	风险较小
监管机构	服务于货币市场，由人民银行和银保监会监管	服务于资本市场，由证监会监管

资料来源：张坤. 商业银行的投行之路 [J]. 银行家，2015 (6).

　　尽管存在着一定程度的差异，但商业银行和投资银行在资金融通中都起到了媒介作用，连接资金盈余方和短缺方。很多商业银行都成立了投行部，受政策限制，除了不涉及证券交易所的证券发行、交易和股权投资外，很多投行业务都已经开展。商业银行高度重视投资银行业务，除了要赚取相应的中间业务收入外，更为看重的是通过咨询、方案设计等强化银企关系，增强核心竞争力。当然，我国的商业银行投行业务与券商乃至国际著名投行相比，还有一定的劣势，主要表现在：业务模式相对单一，资本型业务占比低，主要依赖传统中介收入，这既与政策限制有关，也与业务开展时间较短、发展不充分等因素有关；投行业务对信贷业务的依赖度很高，很多收入是源于信贷的顾问费；人才储备与业务发展不匹配，对投行业务的理解层次也较低，没有针对性的激励约束机制。

　　尽管各家银行开展投行业务的目的不同，但通过投行业务增强服务集团客户的服务能力、有效分散风险、拓宽收入来源是大多数银行共同的诉求。对中型商业银行来讲，像国有大型银行那样搭建综合全面的投行部不太现实，也很难像中信银行、光大银行那样借助集团优势大规模开展业务，比较现实的选择是与券商、保险等机构建立合作关系，或者相互参股、持股，共享客户和收益，形成集群性质。在业务选择上，也不要过于贪大求全，可以选择资产证券化、托管、财务顾问、并购融资等某一两个方向重点突破，形成自身优势。

第六章 我国中型商业银行综合经营实证研究

第一节 商业银行经营绩效评价方法

对中型商业银行来讲，推进综合经营可以提升银行整体盈利能力，实现收入的多元化，有效分散风险，更重要的是通过业务协同，能够塑造核心竞争力，促进企业的长期稳健均衡发展。对于如何评价银行的经营绩效，目前在理论和实践层面有多种方法，既有以财务为主的评价方法，也有如平衡计分卡这样更加全面、更加综合的评价方法。

一、常见的商业银行绩效评价方法

（一）基于财务指标的评价

1. 杜邦分析

商业银行开展绩效评价的历史可以追溯到 20 世纪中叶，由于大量坏账和破产情况的出现，理论界与实业界开始加强对银行绩效评价的研究，这个时期的评价主要以财务评价为主，重点关注商业银行的盈利能力，采用资产报酬率（ROA）、净资产报酬率（ROE）、净利息收益率等财务指标来进行分析。杜邦分析是评价银行绩效时应用最为广泛的分析方法，通过对 ROE 的分解去分析影响银行盈利的各个因素，有助于银行提升盈利能力。

2. 经济增加值法（EVA）

经济增加值法是 20 世纪 90 年代逐渐发展起来的绩效评价方法，既考虑了账面显性成本，也考虑了权益资本的隐性成本，强调的概念是只有收益覆盖了所有债务成本和权益成本后才能真正为银行创造财富。经济增加值法实现了绩效评价从财务利润评价到经济利润评价的转化，但仍是以财务指标为核心的绩效评价方法。此外，经济增加值法在实际运用中也有一些局限，如由于要进行一定程度的调账，应用过程相对复杂，各国会计制度的差异使不同国家银行间的比较缺乏共同的基础。

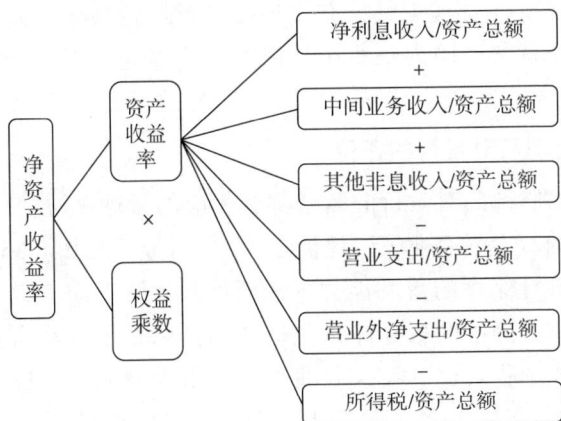

资料来源：魏巍，叶清梅. 基于改进的杜邦分析法的商业银行盈利能力分析——以中国工商银行为例 [J]. 会计与公司治理，2017，4（7）.

图 6 - 1　商业银行杜邦分析模型

（二）基于平衡计分卡的评价

随着企业间竞争的激烈，越来越多的管理者认识到财务指标的评价存在着一些不足，财务指标的滞后性和局限性促使人们开始寻找更加全面的绩效评价方法。"平衡计分卡是一个全面的框架，它帮助高级管理层把公司的愿景和战略转变为一套连贯的业绩指标"①。平衡计分卡（the Balanced Score Card，BSC）是从财务（Financial）、客户（Customer）、内部流程（Internal Business Processes）、学习与成长（Learning and Growth）四个角度将组织的战略落实为可操作的衡量指标和目标值的一种绩效管理体系。平衡计分卡既注重财务指标，也关注促成财务指标达成的驱动因素，比较好地平衡了财务与非财务、长短期、结果性与动因性、企业内外部、领先与滞后等指标的关系。平衡计分卡的四个维度中，财务维度反映了战略是否被正确执行，体现了股东价值最大化的原则；客户维度关注客户的感受与体验；内部流程维度关注企业核心竞争能力的建设；学习与成长维度是其

---

① ［美］罗伯特·卡普兰，大卫·诺顿著. 平衡计分卡——化战略为行动 ［M］. 刘俊勇，孙薇译. 广州：广东经济出版社，2013：19.

他 3 个维度的基础，特别是在知识经济时代，智力资本逐步成为企业最重要的资源，这一维度的指标评价变得越发重要。在各个行业中，银行和电信行业对平衡计分卡的应用最为广泛，像美国化学银行、日本东京三菱银行等都由于采用了这一管理工具，有效地提升了经营绩效，通过战略的有效执行赢得了竞争优势。国内银行中，招商银行等先进银行也在采用这一评价方法。

（三）监管部门对银行的评价

财政部和监管部门对银行的绩效都有相应的管理办法。财政部 2016 年发布了修订后的《金融企业绩效评价办法》（财金〔2016〕35 号），旨在对金融企业一个会计年度的盈利能力、经营增长、资产质量以及偿付能力等进行综合评判。办法中的指标体系包括盈利指标 6 个（净资产收益率、总资产报酬率、成本收入比、收入利润率、支出利润率、加权平均净资产收益率）、经营增长指标 3 个（资本保值增值率、利润增长率、经济利润率）、资产质量指标 10 个（不良贷款率、拨备覆盖率、流动性比例、杠杆率、资产减值准备与总资产比例、综合流动比率、综合投资收益率、应收账款比率、净资本与净资产比率、净资本与风险准备比率）、偿付能力指标 7 个（资本充足率、一级资本充足率、核心一级资本充足率、综合偿付能力充足率、核心偿付能力充足率、净资本负债率、资产负债率）。

银保监会对于商业银行的绩效评价主要参照《银行业金融机构绩效考评监管指引》（银监发〔2012〕34 号），该指引的考核指标包括五大类：合规经营类指标、风险管理类指标、经营效益类指标、发展转型类指标、社会责任类指标。同时，要求各银行业金融机构结合自身战略和风险偏好，合理制定具体指标和权重，特别是合规经营类指标和风险管理类指标的权重要高于其他类指标。

二、基于平衡计分卡的银行绩效评价指标体系

商业银行开展绩效评价的目的是发现问题、解决问题，提升绩效。由于监管部门、主要所有者（多为财政部和地方政府）的出发点不同，考核的内容也有一些差异，在银行自身看来，高管任期的有限性也使内部评价多体现在即期财务指标、业务规模等方面，而对于客户服务、流程优化、员工成长等方面的重视不够，与企业战略的契合度也有待提高。因此，为了更加合理地体现银行的经营绩效，本文参照监管部门和行业惯例，以平

衡计分卡为基本评价体系，结合商业银行经营风险的基本特征，在财务、客户、内部流程、学习与成长四个维度的基础上增加了风险管理维度，初步建立了商业银行绩效评价体系。

（一）财务维度

财务维度的指标主要包含：

1. 净资产收益率（净利润/所有者权益，正指标），反映商业银行资本运营效率。

2. 总资产收益率（净利润/平均资产总额，正指标），反映商业银行资产利用效率。

3. 成本收入比（营业费用/营业收入，逆指标），反映商业银行每一单位的收入需要支出多少成本，比率越低说明银行获取收入的能力越强。

4. 总资产周转率（营业收入净额/平均资产总额，正指标），反映商业银行资产利用效率。

5. 资产负债率（负债总额/资产总额，适度指标），反映商业银行负债水平，评价银行长期偿债能力。

6. 流动性比例（流动性资产/流动性负债，适度指标），反映商业银行流动性水平。

7. 三年利润平均增长率（$\sqrt[3]{\dfrac{当年利润总额}{三年前利润总额}}-1$，正指标），反映商业银行利润增长情况。

8. 营收增长率（本期营收/上期营收，正指标），体现商业银行收入增长情况。

（二）客户维度

客户维度的指标主要包含：

1. 客户满意度（正指标），反映客户对银行产品和服务的满意程度。

2. 消费者权益保护（正指标），反映商业银行对维护客户权益的重视程度。

3. 每万名客户投诉次数（客户投诉次数×10000/客户总数，逆指标），反映客户对银行服务的不满程度。

4. 市场占有率（某银行资产规模/银行业资产规模，正指标），反映商业银行在市场竞争中的份额。

5. 客户收益率（正指标），体现商业银行从各类客群中的获利能力。

6. 个人存款增长率（（本期个人客户存款 – 上期个人客户存款）/上期个人客户存款，正指标），反映商业银行个人客户存款增长情况。

7. 企业存款增长率（（本期企业客户存款 – 上期企业客户存款）/上期企业客户存款，正指标），反映商业银行企业客户存款增长情况。

（三）内部流程维度

内部流程维度的指标主要包含：

1. 手续费及佣金净收入占比（手续费及佣金净收入/营业收入，正指标），体现商业银行收入多元化情况，这一指标与银行产品和服务的丰富度密切相关。

2. 电子渠道替代率（电子渠道交易笔数/总业务笔数，正指标），体现商业银行服务的便捷性。

3. 物理网点增长率（当年物理网点增加量/上年度物理网点数量，正指标），体现商业银行网点服务的可获得性。

4. 自助设备增长率（当年自助设备增加量/上年度自助设备数量，正指标），体现商业银行自助服务渠道的可获得性。

5. 客服热线人工接通率（正指标），反映商业银行电话客服的服务能力与效率。

6. 服务质量与服务成本（适度指标），反映商业银行通过非价格因素提升服务的能力与质量。

7. 业务差错率（逆指标），反映柜员操作差错情况。

8. 单笔业务处理时间（逆指标），柜员或客服人员单笔业务所花时间，反映工序的合理性与流畅性。

（四）学习与成长维度

学习与成长维度的指标主要包含：

1. 人力资本投资回报率（银行利润/员工薪酬，正指标），员工薪酬包含员工工资、奖金、津贴和补贴、福利费、社会保险费、住房公积金等人力成本，反映商业银行在人力资本上的投入回报。

2. 员工知识水平（本科及以上员工/员工总数，正指标），反映商业银行员工的学历水平和工作的胜任能力。

3. 员工增长率（本期员工变动数/上期末全体员工数，正指标），反映银行对人才的吸引能力。

4. 信息系统效率（正指标），反映商业银行收集信息的效率和准确性。

5. 员工培训频率（培训次数/员工数量，正指标），反映商业银行员工获得培训的频次。

（五）风险管理维度

风险管理维度的指标主要包含：

1. 不良贷款率（不良贷款余额/全部贷款，逆指标），体现商业银行授信业务风险管理水平。

2. 存贷比（期末贷款余额/期末存款余额，适度指标），体现商业银行存贷款的合理匹配。

3. 资本充足率（适度指标），反映商业银行抗风险能力，银保监会要求正常时期系统重要性银行和非系统重要性银行的资本充足率分别不得低于11.5%和10.5%。

4. 拨备覆盖率［（一般准备＋专项准备＋特种准备）／（次级类贷款＋可疑类贷款＋损失类贷款），适度指标］，反映商业银行贷款损失准备金计提是否充足。

5. 拨贷比（贷款减值准备/贷款总额，适度指标），反映商业银行防御坏账风险的能力。

三、确立银行绩效评价关键指标分析与方法

（一）调查问卷的设计、发放与统计

调查问卷共涉及财务、客户、内部流程、学习与成长、风险管理五个层面的33个指标，每个指标都需要被调查者填写相应的分值，如被调查者对本指标设置不同意则在1分处打钩，如非常同意则在5分处打钩，其余按满意程度分别在2分、3分、4分处打钩。

设计好调查问卷后，针对业内高管、专家和业务骨干进行发放。他们的从业经历较为丰富、对银行发展中的问题有着较为独特的见解，可以确保调查结果的有效性和可靠性。在收到填好的问卷后，通过计算得出描述性统计分析结果。剔除平均值过低的指标（如平均值低于3分）或者分歧较大的指标（如方差大于1）后，把剩余的指标作为关键指标。

表 6 – 1　　　　　　　　　银行绩效评价关键指标调查问卷

维度	测评指标	分值				
		1分	2分	3分	4分	5分
财务维度	净资产收益率					
	总资产收益率					
	成本收入比					
	总资产周转率					
	资产负债率					
	流动性比例					
	三年利润平均增长率					
	营收增长率					
客户维度	客户满意度					
	消费者权益保护					
	每万名客户投诉次数					
	市场占有率					
	客户收益率					
	个人存款增长率					
	企业存款增长率					
内部流程维度	手续费及佣金净收入占比					
	电子渠道替代率					
	物理网点增长率					
	自助设备增长率					
	客服热线人工接通率					
	服务质量与服务成本					
	业务差错率					
	单笔业务处理时间					
学习与成长维度	人力资本投资回报率					
	员工知识水平					
	员工增长率					
	信息系统效率					
	员工培训频率					

续表

维度	测评指标	分值				
		1分	2分	3分	4分	5分
风险管理维度	不良贷款率					
	存贷比					
	资本充足率					
	拨备覆盖率					
	拨贷比					

表 6-2　　　　　　　　　描述性统计分析结果

	最大值	最小值	平均值	方差
指标1				
指标2				
指标3				
指标4				
……				
指标n				

（二）各项指标权重的确定

在确定指标权重的过程中，我们采用德尔菲法和层次分析法（AHP）相结合的方法。德尔菲法是 1946 年美国兰德公司首先开始使用的，后被广泛应用在军事、人口预测等方面，同时也开始被运用在评价、决策、规划等工作。我们根据上述调查表，函询监管与银行管理者，收回问卷后进行汇总，列成表格进行对比分析，再次发给专家让大家参考后修订自己的打分，直到大家不再进行修改。层次分析法（AHP）是匹茨堡大学的萨蒂（T. L. Saaty）于 20 世纪 70 年代提出的一种层次权重分析方法，它把定性分析与定量分析很好地结合起来，能够比较有效地应用于那些难以用定量方法解决的课题。基本分析步骤如下：

步骤一：建立层次结构模型。

步骤二：以某一层为准则对下一层各元素进行比较，构造两两比较判断矩阵。如对本文分析的五个维度进行调查，并构造判断矩阵。

表 6 – 3 五维度重要程度判断

进行比较的维度名称	重要程度
财务维度/客户维度	
财务维度/内部流程维度	
财务维度/学习与成长维度	
财务维度/风险管理维度	
客户维度/内部流程维度	
客户维度/学习与成长维度	
客户维度/风险管理维度	
内部流程维度/学习与成长维度	
内部流程维度/风险管理维度	
学习与成长维度/风险管理维度	

被调查者按照 9 级标度法给判断矩阵的元素赋值，层次分析法的 1 ~ 9 级标度的含义是数值越高表明前者比后者越重要。例如，如果客户认为财务维度比客户维度重要得多，他可以在"财务维度/客户维度"的重要程度一栏填写 9；如果认为一样重要，可以填写 1；如果认为客户维度比财务维度极端重要则可以填写 1/9。

表 6 – 4 AHP 的 1 ~ 9 级标度说明

标度	含义
1	表示两个因素同样重要
3	前一个因素比后一个因素稍微重要
5	前一个因素比后一个因素明显重要
7	前一个因素比后一个因素强烈重要
9	前一个因素比后一个因素极端重要
2、4、6、8	上述两个相邻判断的中值
倒数	因素 i 与因素 j 比较的判断为 a_{ij}，则因素 j 与因素 i 比较的判断 a_{ji} $= 1/a_{ij}$

采用德尔菲法，我们向 18 名业内高管、专家发放了问卷，经过两轮调查后，各位专家达成大致相同的意见，形成了五个维度的判断矩阵。

表 6 – 5 平衡计分卡五个维度的判断矩阵

	财务维度	客户维度	内部流程维度	学习与成长维度	风险管理维度
财务维度	1	3	2	3	2
客户维度	1/3	1	1/2	2	1
内部流程维度	1/2	2	1	3	2
学习与成长维度	1/3	1/2	1/3	1	1/2
风险管理维度	1/2	1	1/2	2	1

步骤三：计算权重，以及判断矩阵一致性。权重的确定参考了一些学者的计算方法①。

（1）计算几何平均数 $\overline{M_i}$，将每行数字相乘并计算 5 次方根，求得 $\overline{M_i}$。

$$\overline{M_1} = \sqrt[5]{1 \times 3 \times 2 \times 3 \times 2} = 2.047673$$

$$\overline{M_2} = \sqrt[5]{1/3 \times 1 \times 1/2 \times 2 \times 1} = 0.801130$$

$$\overline{M_3} = \sqrt[5]{1/2 \times 2 \times 1 \times 3 \times 2} = 1.430969$$

$$\overline{M_4} = \sqrt[5]{1/3 \times 1/2 \times 1/3 \times 1 \times 1/2} = 0.486400$$

$$\overline{M_5} = \sqrt[5]{1/2 \times 1 \times 1/2 \times 2 \times 1} = 0.870551$$

（2）将所有向量（$\overline{M_1}$，$\overline{M_2}$，$\overline{M_3}$，$\overline{M_4}$，$\overline{M_5}$）归一化，向量权重 $M_i = \overline{M_i}/(\overline{M_1} + \overline{M_2} + \overline{M_3} + \overline{M_4} + \overline{M_5})$。

$M_1 = 2.047673/(2.047673 + 0.801130 + 1.430969 + 0.486400 + 0.870551)$
$= 0.363274$

$M_2 = 0.801130/(2.047673 + 0.801130 + 1.430969 + 0.486400 + 0.870551)$
$= 0.142127$

$M_3 = 1.430969/(2.047673 + 0.801130 + 1.430969 + 0.486400 + 0.870551)$
$= 0.253865$

$M_4 = 0.486400/(2.047673 + 0.801130 + 1.430969 + 0.486400 + 0.870551)$
$= 0.086291$

$M_5 = 0.870551/(2.047673 + 0.801130 + 1.430969 + 0.486400 + 0.870551)$
$= 0.154443$

由此，我们可以得出五个维度的权重。

---

① 刘莹昕，刘飒，王威尧. 层次分析法的权重计算及其应用 [J]. 沈阳大学学报（自然科学版），2014（5）：372 – 375.

表 6 - 6   五个维度的权重

	维度	向量权重
M_1	财务维度	0.363274
M_2	客户维度	0.142127
M_3	内部流程维度	0.253865
M_4	学习与成长维度	0.086291
M_5	风险管理维度	0.154443

（3）计算特征向量 W。

$$W = \begin{bmatrix} 1 & 3 & 2 & 3 & 2 \\ 1/3 & 1 & 1/2 & 2 & 1 \\ 1/2 & 2 & 1 & 3 & 2 \\ 1/3 & 1/2 & 1/3 & 1 & 1/2 \\ 1/2 & 1 & 1/2 & 2 & 1 \end{bmatrix} \begin{bmatrix} 0.363274 \\ 0.142127 \\ 0.253865 \\ 0.086291 \\ 0.154443 \end{bmatrix} \begin{bmatrix} 1.865145 \\ 0.715965 \\ 1.287515 \\ 0.438232 \\ 0.777722 \end{bmatrix}$$

因而，最大特征根

$Q = 1.865145/(5 \times 0.363274) + 0.715965/(5 \times 0.142127) + 1.287515/(5 \times 0.253865) + 0.438232/(5 \times 0.086291) + 0.777722/(5 \times 0.154443) = 5.071521$

（4）计算 CR，CR = CI/RI。

表 6 - 7   1～9 阶矩阵的平均随机一致性指标

阶数	1	2	3	4	5	6	7	8	9
RI	0	0	0.58	0.9	1.12	1.24	1.32	1.41	1.45

当 N 为 5 时，RI = 1.12

CI = (Q － N)/(N － 1) = (5.071521 － 5)/(5 － 1) = 0.017880

CR = 0.017880/1.12 = 0.015964，小于 0.1，符合一致性检验。

（三）求解最终绩效评价结果

权重确立后，我们就可以根据银行的绩效计算综合得分。在这之前，我们需要进行相应的无量纲化处理，以确保可以进行相互比较。指标的无量纲化处理有很多方法，常见的无量纲化处理方法主要有极值化、均值化、标准差化方法。我们采用标准差化方法进行相应处理。

步骤一：确认指标属性，明确正指标、逆指标、适度指标。逆指标和适度指标都要进行正向化处理，逆指标直接用指标值乘以（−1）来进行正向化。对于适度指标，采取指标值与理论最优值之差取倒数的方法进行处理，即

$$Y = \frac{1}{|X - A|}$$

步骤二：无量纲化处理。我们采用标准差化方法进行无量纲化处理。

$$P = (X - \bar{X})/SD$$

其中，X、$\bar{X}$分别代表实际值和平均值，SD为样本标准差。

步骤三：计算维度得分。

$$M_i = \sum_{i=1}^{n} P_j W_j$$

其中，M_i为i维度的实际得分，$i = 1, 2, 3, 4, 5$；P_j为第j项的得分；W_j为第j项的权重。

步骤四：计算综合得分。

$$Y = \sum_{i=1}^{5} M_i$$

Y即为商业银行绩效评价的最终综合得分，$i = 1, 2, 3, 4, 5$。

第二节　我国中型商业银行综合经营绩效评价

一、绩效评价关键指标的确定

按照上一节确定的分析方法，我们向业内高管、专家发放问卷调查，共发放问卷 85 份，返回问卷 81 份，除了 3 份不合格的问卷，共获得有效问卷 78 份。

表 6-8   指标描述性统计分析结果

维度	指标	均值	方差
财务维度	净资产收益率	4.6154	0.4216
	总资产收益率	4.1795	1.0323
	成本收入比	4.5641	0.5867
	总资产周转率	2.5769	0.8966
	资产负债率	3.8846	0.8307
	流动性比例	3.9744	0.4149
	三年利润平均增长率	4.7564	0.1866
	营收增长率	4.3205	1.5568
客户维度	客户满意度	3.9615	0.7388
	每万名客户投诉次数	3.4744	1.1097
	消费者权益保护	3.6154	0.9930
	市场占有率	4.2436	0.7840
	客户收益率	2.4487	1.4973
	个人存款增长率	3.9231	0.7732
	企业存款增长率	3.5128	0.4868
内部流程维度	手续费及佣金净收入占比	3.7821	0.8999
	电子渠道替代率	3.6795	0.9998
	物理网点增长率	3.8846	0.9086
	自助设备增长率	3.4872	1.0063
	客服热线人工接通率	3.5769	0.9486
	服务质量与服务成本	2.3846	2.0320
	业务差错率	2.4487	1.7571
	单笔业务处理时间	2.5385	1.1089
学习与成长维度	人力资本投资回报率	3.7564	0.9918
	员工知识水平	4.2692	0.6149
	员工增长率	4.0128	0.7661
	信息系统效率	2.4231	1.1304
	员工培训频率	3.6538	0.8007

续表

维度	指标	均值	方差
风险管理维度	不良贷款率	4.2436	0.4724
	存贷比	2.8205	0.7985
	资本充足率	4.6026	0.4244
	拨备覆盖率	4.1795	0.7726
	拨贷比	3.9744	0.4149

在处理过程中，剔除认可度不高或者分歧过大的指标（平均值低于3或者方差大于1），最终我们选定了关键评价指标，其中：

财务维度指标5个（净资产收益率、成本收入比、资产负债率、流动性比例、三年利润平均增长率）；

客户维度指标5个（客户满意度、消费者权益保护、市场占有率、个人存款增长率、企业存款增长率）；

内部流程维度指标4个（手续费及佣金净收入占比、电子渠道替代率、物理网点增长率、客服热线人工接通率）；

学习与成长维度指标4个（人力资本投资回报率、员工知识水平、员工增长率、员工培训频率）；

风险管理维度指标4个（不良贷款率、资本充足率、拨备覆盖率、拨贷比）。

关键指标共计22个。

二、确定关键指标权重

上一节我们已经确定了五个维度的权重，分别是：财务维度（36.33%）、客户维度（14.21%）、内部流程维度（25.39%）、学习与成长维度（8.63%）、风险管理维度（15.44%）。同样，按照德尔菲法和层次分析法，我们可以确定五个维度的第二层次维度，即22个关键指标的具体权重。

（一）财务维度指标权重的确定

根据调查问卷，构建财务维度比较判断矩阵。

表 6-9　　　　　　　　　　　财务维度比较判断矩阵

指标	净资产收益率	成本收入比	资产负债率	流动性比例	三年利润平均增长率
净资产收益率	1	1/2	3	2	1
成本收入比	2	1	4	2	2
资产负债率	1/3	1/4	1	1	1/2
流动性比例	1/2	1/2	1	1	2
三年利润平均增长率	1	1/2	2	1/2	1

经计算，得到向量权重。

表 6-10　　　　　　　　　　　财务维度向量权重

	向量权重
M1	0.225864913
M2	0.362622307
M3	0.095831726
M4	0.157840527
M5	0.157840527

计算特征向量：

$$W = \begin{bmatrix} 1.168193 \\ 1.829041 \\ 0.497784 \\ 0.863597 \\ 0.835600 \end{bmatrix}$$

最大特征根为

$$Q = 5.2351$$

进行一致性检验：

CI =（5.2351-5）／（5-1）=0.047，当 $N=5$ 时，RI = 1.12，CR = 0.047/1.12 =0.042，符合一致性检验，权重有效。

由此，我们可以确认财务维度关键指标的权重。

表 6 – 11　　　　　　　　　　财务维度指标权重

维度	权重	关键指标	权重
财务维度	36.33%	净资产收益率	8.21%
		成本收入比	13.17%
		资产负债率	3.48%
		流动性比例	5.73%
		三年利润平均增长率	5.73%

我们再通过上述方法，分别计算其余 4 个维度的关键指标权重，最终我们得出基于银行平衡计分卡的指标权重体系。

（二）客户维度的指标权重确定

根据调查问卷，构建客户维度比较判断矩阵。

表 6 – 12　　　　　　　　　　客户维度比较判断矩阵

指标	客户满意度	消费者权益保护	市场占有率	个人存款增长率	企业存款增长率
客户满意度	1	5	1/2	2	3
消费者权益保护	1/5	1	1/3	1/2	1/2
市场占有率	2	3	1	4	6
个人存款增长率	1/2	2	1/4	1	2
企业存款增长率	1/3	2	1/6	1/2	1

按照上述方法计算，可以得出向量权重。

表 6 – 13　　　　　　　　　　客户维度向量权重

	向量权重
M1	0.273403067
M2	0.069997402
M3	0.429791309
M4	0.138477473
M5	0.088330749

计算特征向量：

$$W = \begin{bmatrix} 1.380233 \\ 0.379913 \\ 2.270484 \\ 0.699283 \\ 0.456554 \end{bmatrix}$$

最大特征根为

$$Q = 5.1954$$

进行一致性检验：

CI = （5.1954 - 5）/（5 - 1） = 0.04885，当 N = 5 时，RI = 1.12，CR = 0.04885/1.12 = 0.0436，符合一致性检验，权重有效。

由此，我们可以确认客户维度关键指标的权重。

表 6 - 14　　　　　　客户维度指标权重

维度	维度权重	指标	指标权重
客户维度	14.21%	客户满意度	3.89%
		消费者权益保护	0.99%
		市场占有率	6.11%
		个人存款增长率	1.97%
		企业存款增长率	1.26%

（三）内部流程维度的指标权重确定

根据调查问卷，构建内部流程维度比较判断矩阵。

表 6 - 15　　　　　　内部流程维度比较判断矩阵

指标	手续费及佣金净收入占比	电子渠道替代率	物理网点增长率	客服热线人工接通率
手续费及佣金净收入占比	1	2	3	3
电子渠道替代率	1/2	1	2	1
物理网点增长率	1/3	1/2	1	1
客服热线人工接通率	1/3	1	1	1

按照上述方法计算，可以得出向量权重。

表 6 - 16　　　　　　　　　内部流程维度向量权重

	向量权重
M1	0.416383447
M2	0.233581775
M3	0.162905499
M4	0.187129279

计算特征向量：

$$W = \begin{bmatrix} 1.933651 \\ 0.954714 \\ 0.604232 \\ 0.721023 \end{bmatrix}$$

最大特征根为

$$Q = 4.2812$$

进行一致性检验：

CI = (4.2812 - 4)/(4 - 1) = 0.0244, 当 $N = 4$ 时, RI = 0.9, CR = 0.0244/ 0.9 = 0.0272, 符合一致性检验，权重有效。

由此，我们可以确认内部流程维度关键指标的权重。

表 6 - 17　　　　　　　　内部流程维度指标权重

维度	维度权重	指标	指标权重
内部流程维度	25.39%	手续费及佣金净收入占比	10.57%
		电子渠道替代率	5.93%
		物理网点增长率	4.14%
		客服热线人工接通率	4.75%

（四）学习与成长维度的指标权重确定

根据调查问卷，构建学习与成长维度比较判断矩阵。

表 6 - 18　　　　　　　学习与成长维度比较判断矩阵

指标	人力资本投资回报率	员工知识水平	员工增长率	员工培训频率
人力资本投资回报率	1	3	4	5
员工知识水平	1/3	1	1	2
员工增长率	1/4	1	1	2
员工培训频率	1/5	1/2	1/2	1

按照上述方法计算，可以得出向量权重。

表 6 – 19 　　　　　　　学习与成长维度向量权重

	向量权重
M1	0.492170829
M2	0.199707515
M3	0.188920732
M4	0.119200924

计算特征向量：

$$W = \begin{bmatrix} 2.442981 \\ 0.789446 \\ 0.750073 \\ 0.411949 \end{bmatrix}$$

最大特征根为

$$Q = 4.0857$$

进行一致性检验：

CI ＝（4.0857－4）/（4－1）＝0.0286，当 $N = 4$ 时，RI ＝0.9，CR ＝ 0.0286/0.9 ＝0.0318，符合一致性检验，权重有效。

由此，我们可以确认学习与成长维度关键指标的权重。

表 6 – 20 　　　　　　　学习与成长维度指标权重

维度	维度权重	指标	指标权重
学习与成长维度	8.63%	人力资本投资回报率	4.25%
		员工知识水平	1.72%
		员工增长率	1.63%
		员工培训频率	1.03%

（五）风险管理维度的指标权重确定

根据调查问卷，构建风险管理维度比较判断矩阵。

表 6 – 21 　　　　　　　风险管理维度比较判断矩阵

指标	不良贷款率	资本充足率	拨备覆盖率	拨贷比
不良贷款率	1	2	3	4

续表

指标	不良贷款率	资本充足率	拨备覆盖率	拨贷比
资本充足率	1/2	1	2	3
拨备覆盖率	1/3	1/2	1	2
拨贷比	1/4	1/3	1/2	1

按照上述方法计算，可以得出向量权重。

表6－22　　　　　　　　　风险管理维度向量权重

	向量权重
M1	0.423017695
M2	0.279087598
M3	0.179481245
M4	0.118413462

计算特征向量：

$$W = \begin{bmatrix} 1.993290 \\ 1.204799 \\ 0.695448 \\ 0.406007 \end{bmatrix}$$

最大特征根为

$$Q = 4.0831$$

进行一致性检验：

$CI = (4.0831 - 4)/(4 - 1) = 0.0277$，当 $N = 4$ 时，$RI = 0.9$，$CR = 0.0277/0.9 = 0.0308$，符合一致性检验，权重有效。

由此，我们可以确认风险管理维度关键指标的权重。

表6－23　　　　　　　　　风险管理维度指标权重

维度	维度权重	指标	指标权重
风险管理维度	15.44%	不良贷款率	6.53%
		资本充足率	4.31%
		拨备覆盖率	2.77%
		拨贷比	1.83%

最终，我们得到银行平衡计分卡绩效指标评价体系的整体权重情况。

表 6－24　　　　　　　银行平衡计分卡绩效评价指标权重

维度	权重	关键指标	权重
财务维度	36.33%	净资产收益率	8.21%
		成本收入比	13.17%
		资产负债率	3.48%
		流动性比例	5.73%
		三年利润平均增长率	5.73%
客户维度	14.21%	客户满意度	3.89%
		消费者权益保护	0.99%
		市场占有率	6.11%
		个人存款增长率	1.97%
		企业存款增长率	1.26%
内部流程维度	25.39%	手续费及佣金净收入占比	10.57%
		电子渠道替代率	5.93%
		物理网点增长率	4.14%
		客服热线人工接通率	4.75%
学习与成长维度	8.63%	人力资本投资回报率	4.25%
		员工知识水平	1.72%
		员工增长率	1.63%
		员工培训频率	1.03%
风险管理维度	15.44%	不良贷款率	6.53%
		资本充足率	4.31%
		拨备覆盖率	2.77%
		拨贷比	1.83%

三、综合经营银行与非综合经营银行的绩效比较

(一) 设立对比组

为了衡量中型商业银行多元化经营带来的实际绩效提升，我们设立了两个对比组，第一组为已经基本实现综合经营的银行，第二组为不涉足或者适度涉足综合经营的传统银行。两组银行最大的区别是综合化经营程度的不同，第一组综合化经营的程度比较深，参股或控股的非银行业金融机构都超过 3 家（含 3 家）；第二组也适度开展了综合经营，涉足的其他金融业态还比较少，取得的牌照也多是比较容易申请的金融租赁牌照和消费金融牌照。根据 2016 年报和各家银行网站发布的信息，我们统计了 17 家中型商业银行持有非银行金融牌照的情况（29 家中型商业银行中的另外 12 家银行由于披露数据不全，被省略）。

表 6 – 25　　　　部分中型商业银行的非银行金融牌照持有情况

银行名称	基金	金融租赁	信托	证券	保险	消费金融	其他	非银行金融牌照数量
兴业银行	兴业基金	兴业金融租赁	兴业国际信托			兴业消费金融	兴业经济研究咨询	5
招商银行	招商基金	招银租赁		招银国际	招商信诺		永隆集团	
浦发银行	浦银安盛	浦银租赁	上海信托	浦银国际				4
北京银行	中加基金	北银金融租赁			中荷人寿	北银消费金融		
中信银行		中信金融租赁		信银投资			中信国金	3
上海银行	上银基金			上银国际		上海尚诚消费金融		
南京银行	鑫元基金	江苏金融租赁				苏宁消费金融		
光大银行		光大金融租赁		光银国际				2
宁波银行	永赢基金	永赢金融租赁						
华夏银行		华夏金融租赁						1
江苏银行		苏银金融租赁						
浙商银行		浙银租赁						
上海农村商业银行		长江联合金融租赁						
平安银行								0
广发银行								
恒丰银行								
北京农村商业银行								

资料来源：相关银行 2016 年年报、银行网站。

按照持有牌照数量分为两组，第一组为持有非银行金融牌照 3 张及以上的银行，第二组为持有非银行金融牌照 2 张及以下的银行。

表 6 – 26　　　　　　　　　　两个对比组分布情况

第一组	兴业银行、招商银行、浦发银行、北京银行、中信银行、上海银行、南京银行
第二组	光大银行、宁波银行、华夏银行、江苏银行、浙商银行、上海农村商业银行、平安银行、广发银行、恒丰银行、北京农村商业银行

（二）查找计算各关键指标数据

通过查阅相关银行年报，我们可以得到各家银行指标情况。

22 项指标中，净资产收益率、成本收入比、资产负债率、流动性比例、三年利润平均增长率、市场占有率、个人存款增长率、企业存款增长率、手续费及佣金净收入占比、物理网点增长率、人力资本投资回报率、员工知识水平、员工增长率、不良贷款率、资本充足率、拨备覆盖率、拨贷比 17 项指标数据直接来源于各家银行年报，或由年报中的数据计算得出。电子渠道替代率、客户满意率、消费者权益保护、客服热线人工接通率、员工培训频率 5 项指标则采用《2016 年度中国银行业服务改进情况报告》（以下简称《服务报告》）中披露的数据。

其他关于指标计算需要说明的情况如下：净资产收益率采用的是各家银行加权平均净资产收益率数据；三年利润平均增长率采用的是各家银行利润总额的三年平均增长率；客户满意率采用的是《服务报告》中各家银行的客服热线满意度指标；消费者权益保护指标采用的是《服务报告》中各家银行消费者权益保护宣传的累计活动次数；市场占有率指标采用的是各家银行资产规模占银行业总体规模的比例；电子渠道替代率采用的是《服务报告》中的离柜业务替代率，兴业银行的数据由于没有在《服务报告》中显示，故采用的是该行年报中的网络金融交易替代率指标，宁波银行电子渠道替代率数据来自该行 2016 年社会责任报告；人力资本投资回报率指标在计算时按照归属于本行股东扣除非经常性损益的净利润除以职工薪酬来确定；员工知识水平采用的是本科以上学历员工占比，主要来源于各家银行年报，华夏银行没有在年报中披露，但在 2016 年社会责任报告中进行了披露；员工培训频率则是将《服务报告》中披露的大堂经理、理财师、普通柜员、客户热线、信用卡热线人员的培训次数加总，除以银行年报中的员工人数来获得平均一名员工获得的培训次数；一些银行存在特殊因素或无法取得标准口径的数据，我们进行了技术处理（招商银行员工增长率剔除了信用卡中心员工变动的影响因素；平安银行剔除派遣人员影响；华夏银行净手续费及佣金收入占比未扣除支出项目，浙商银行三年利润平均增长率以营业利润计算，流动性比例为2015年报数据）。

表6-27　　　　　　　　2016年第一组指标情况

关键指标	兴业银行	招商银行	浦发银行	北京银行	中信银行	上海银行	南京银行
净资产收益率	17.28	16.27	16.35	14.92	12.58	14.35	16.25
成本收入比（逆指标）	23.39	28.01	23.16	25.81	27.56	22.89	24.80
资产负债率（适度指标）	94.18	93.21	93.63	93.21	93.52	93.38	94.14
流动性比例（适度指标）	59.35	59.42	37.05	50.10	40.98	51.92	47.78
三年利润平均增长率	5.62	4.89	9.12	9.85	1.30	12.09	23.30
客户满意度	99.60	99.62	99.42	99.42	98.43	99.66	99.56
消费者权益保护	8861	11103	6000	5500	3752	6	1077
市场占有率	2.62	2.56	2.52	0.91	2.55	0.76	0.46
个人存款增长率	-5.38	6.15	-5.60	10.12	3.08	7.70	35.90
企业存款增长率	16.56	6.60	7.33	14.82	16.65	5.04	35.81
手续费及佣金净收入占比	23.27	29.12	25.31	20.23	27.49	17.89	14.36
电子渠道替代率	96.16	97.51	92.49	93.00	97.77	85.50	80.18
物理网点增长率	12.09	5.94	11.02	14.06	5.25	0.32	9.59
客服热线人工接通率	96.00	97.65	96.50	95.87	96.68	96.62	76.34
人力资本投资回报率	241.27	190.12	252.80	290.39	170.37	298.38	210.29
员工知识水平	88.14	86.10	78.05	81.25	87.14	84.16	90.00
员工增长率	8.11	0.45	12.03	5.50	2.72	1.86	19.32
员工培训频率	2.07	1.96	0.99	2.08	3.92	6.06	0.95
不良贷款率（逆指标）	1.65	1.87	1.89	1.27	1.69	1.17	0.87
资本充足率（适度指标）	12.02	12.00	11.65	12.20	11.98	13.17	13.71
拨备覆盖率（适度指标）	210.51	180.02	169.13	256.06	155.50	255.50	457.32
拨贷比（适度指标）	3.48	3.37	3.19	3.25	2.62	3.00	3.99

表 6-28

2016 年第二组指标情况

关键指标	光大银行	宁波银行	华夏银行	江苏银行	浙商银行	上海农村商业银行	平安银行	广发银行	恒丰银行	北京农村商业银行
净资产收益率	13.80	17.74	15.75	14.47	17.34	13.42	13.18	9.34	15.31	14.59
成本收入比（逆指标）	28.77	34.26	34.50	29.21	27.71	37.78	25.97	34.00	32.16	39.18
资产负债率（适度指标）	93.51	94.31	93.51	94.73	95.02	93.29	93.15	94.82	94.76	94.48
流动性比例（适度指标）	63.18	44.95	31.59	52.15	38.36	40.58	47.62	46.09	73.74	57.97
三年利润平均增长率	5.29	16.84	8.22	7.09	27.22	11.57	14.31	-9.52	8.73	11.05
客户满意度	99.62	99.58	99.51	96.96	99.62	99.60	76.94	99.54	98.90	94.66
消费者权益保护	7939	476	12384	847	1048	5838	3792	3784	870	7
市场占有率	1.73	0.38	1.01	0.69	0.58	0.31	1.27	0.88	0.52	0.31
个人存款增长率	6.06	24.05	-0.92	12.84	54.74	15.41	-4.03	-8.22	-0.27	6.53
企业存款增长率	7.07	42.10	6.67	25.76	42.91	26.12	13.71	-3.44	44.76	15.52
手续费及佣金净收入占比	29.89	25.57	25.18	18.56	22.21	14.96	25.86	42.50	24.05	8.23
电子渠道替代率	95.21	82.11	73.00	76.00	95.91	77.88	91.94	98.14	92.10	77.72
物理网点增长率	6.77	10.18	12.29	1.31	28.57	-3.65	7.52	5.93	19.53	0.00
客服热线人工接通率	96.29	93.97	96.04	66.04	77.78	83.22	95.00	97.04	92.60	97.21
人力资本投资回报率	198.77	165.33	147.76	184.21	170.27	163.61	178.00	95.83	164.80	174.79
员工知识水平	81.95	94.77	75.64	77.27	85.12	73.98	81.02	75.06	87.03	76.68
员工增长率	4.79	21.56	14.93	3.60	35.23	0.42	2.15	8.80	13.66	-0.57
员工培训频率	3.82	1.93	2.42	5.63	4.07	0.35	5.48	1.00	7.19	23.63
不良贷款率（逆指标）	1.60	0.91	1.67	1.43	1.33	1.29	1.74	1.59	1.78	0.92
资本充足率（适度指标）	10.80	12.25	11.36	11.51	11.79	12.39	11.53	10.54	11.41	15.02
拨备覆盖率（适度指标）	152.02	351.42	158.73	180.56	259.33	221.27	155.37	151.06	170.52	387.97
拨贷比（适度指标）	2.43	3.21	2.65	2.59	3.44	2.85	2.71	2.41	3.04	3.58

（三）计算银行整体绩效得分

首先，将样本银行指标正向化处理，2 个逆指标采用直接乘以（－1）的方式处理，5 个适度指标的理论值分别选取资产负债率（92，最低资本要求为 8%）、流动性比例（25，最低流动性要求）、资本充足率（10.5，银保监会非系统重要性银行的要求）、拨备覆盖率（150，最低要求）、拨贷比（2.5 最低要求），对适度指标按照样本值与理论值差值的绝对值倒数计算，得出正向化后的指标情况。

其次，无量纲化处理后计算银行的综合分值。以下以兴业银行为例，计算得分情况。

最后，我们按照相同的方法，得出其他银行的综合得分，我们分别计算出两组银行的平均分，同时为了避免极值的影响，也计算得到中位数的分值。

表 6－29　　　　　　　兴业银行绩效评价得分

维度	权重（%）	关键指标	权重	均值	标准差	兴业银行	无量纲化处理	得分
①	②	③	④	⑤	⑥	⑦	⑧＝（⑦－⑤）/⑥	⑨＝⑧×④
财务维度	36.33	净资产收益率	8.21	14.88	2.02	17.28	1.19	9.74
		成本收入比（逆指标）	13.17	－29.36	4.95	－23.39	1.21	15.90
		资产负债率（适度指标）	3.48	0.58	0.18	0.46	－0.64	－2.23
		流动性比例（适度指标）	5.73	0.05	0.03	0.03	－0.73	－4.19
		三年利润平均增长率	5.73	9.82	7.99	5.62	－0.53	－3.02
客户维度	14.21	客户满意度	3.89	97.68	5.34	99.6	0.36	1.39
		消费者权益保护	0.99	4310.82	3829.74	8861	1.19	1.18
		市场占有率	6.11	1.18	0.84	2.62	1.71	10.45
		个人存款增长率	1.97	9.30	15.77	－5.38	－0.93	－1.83
		企业存款增长率	1.26	19.06	14.35	16.56	－0.17	－0.22
内部流程维度	25.39	手续费及佣金净收入占比	10.57	23.22	7.37	23.27	0.01	0.08
		电子渠道替代率	5.93	88.39	8.49	96.16	0.92	5.43
		物理网点增长率	4.14	8.63	7.51	12.09	0.46	1.90
		客服热线人工接通率	4.75	91.23	9.12	96	0.52	2.49

续表

维度	权重（%）	关键指标	权重	均值	标准差	兴业银行	无量纲化处理	得分
学习与成长维度	8.63	人力资本投资回报率	4.25	193.94	49.94	241.27	0.95	4.03
		员工知识水平	1.72	82.55	5.76	88.14	0.97	1.67
		员工流动率（适度指标）	1.63	9.09	9.25	8.11	-0.11	-0.17
		员工培训频率（适度指标）	1.03	4.33	5.21	2.07	-0.43	-0.45
风险管理维度	15.44	不良贷款率（逆指标）	6.53	-1.45	0.33	-1.65	-0.61	-3.98
		资本充足率	4.31	2.28	5.72	0.66	-0.28	-1.22
		拨备覆盖率	2.77	12.70	23.64	1.65	-0.47	-1.30
		拨贷比	1.83	4.24	4.26	1.02	-0.75	-1.38
合计得分								34.28

表 6 – 30　　　　　　　　　　两组最终得分

组别	平均值	中位数
第一组	21.33	21.40
第二组	-14.93	-7.64

通过实证分析可以看出，综合经营的第一组银行得分较非综合经营的第二组银行得分高很多。无论是平均值还是中位数，第一组都显著高于第二组，综合经营可以提升银行总体绩效这一观点得到了样本银行的实证支持。

第三节　浦发银行的综合经营实践

除大型国有银行外，综合化一直是作为中型商业银行的浦发银行的经营亮点。浦发银行成立于1992年，截至2017年末，资产规模达到6.14万亿元，营业机构约1800家，员工超过5.2万人，已成为一家大型的综合金融集团。由于地处上海市，金融资源丰富，金融创新活跃，因此浦发银行的综合经营特色一直比较突出，早就开始涉足其他金融业态。

表 6 - 31　　　　　　　　　　　浦发银行主要业务情况

机构名称	业务领域	设立/取得时间	2017 年末业务规模
浦发银行	银行	1992 年	银行集团资产总规模 6.14 万亿元
上海信托	信托	2016 年	合并管理资产规模 12387.93 亿元
浦银租赁	金融租赁	2012 年	总资产 522.52 亿元
浦银安盛	基金	2007 年	管理资产规模 6516.56 亿元
浦发硅谷银行	银行	2012 年	资产总额 71.02 亿元
浦银国际	投资银行	2015 年	资产总额 59.27 亿元

一、浦发银行整体经营质效呈现快速增长态势

从经营利润方面看，浦发银行在过去几年一直都保持较高的增长速度，净利润快速增加。

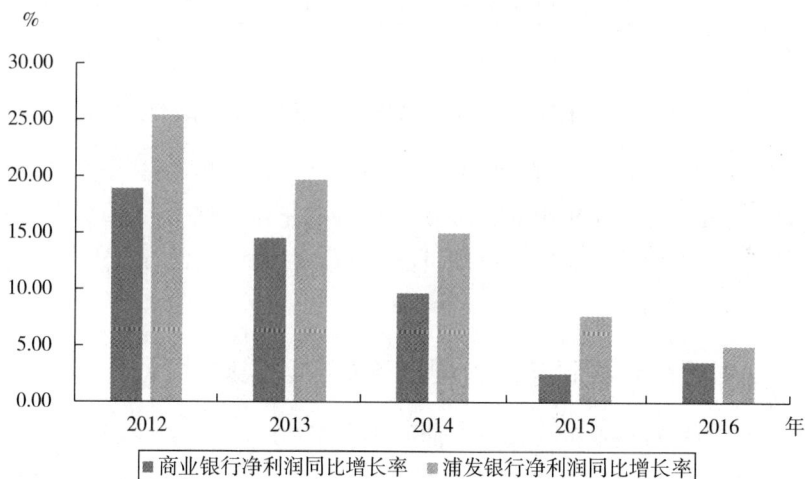

资料来源：Wind 资讯。

图 6 - 2　浦发银行与商业银行净利润同比增长率对比

从图 6 - 2 可以看出，浦发银行近几年的净利润增速要明显高于商业银行总体水平，多元化带来的盈利能力提升在具体的经营业绩中得到了体现。

二、银行的收入结构显著优化

综合经营可以扩大商业银行的经营范围，提升收入多元化水平。根据浦发银行与商业银行总体情况的对比，我们可以发现，浦发银行的收入中

非息收入的占比在近些年得到显著提升，综合经营的协同效应凸显。

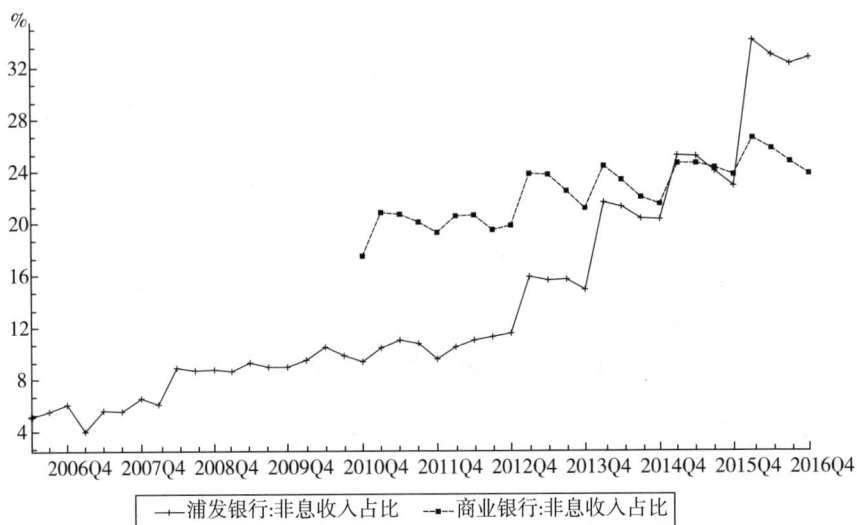

资料来源：Wind 资讯。

图 6 - 3　浦发银行非息收入占比与商业银行总体情况对比

从图 6 - 3 可以看出，在 2014 年以前浦发银行的收入结构中，非息收入占比低于行业均值。2010 年前后还在 10% 左右徘徊，仅为行业均值的一半。最近两年，浦发银行非息收入占比超过 30%，在股份制银行中也处于前列，显著高于行业均值。

三、银行综合经营与地方国资改革实现同频共振

在上海市委市政府的帮助下，浦发银行于 2016 年 3 月完成对上海信托的收购，成为第四家拥有信托牌照的商业银行。上海信托不仅持有信托牌照，还拥有上投摩根基金 51% 的股权、华安基金 20% 的股权、上海证券 33.33% 的股权，通过上海信托填补了浦发银行在证券、资管等领域的业务空白，综合经营的能力大幅提升。

浦发银行对上海信托的收购获得了上海市的大力支持，市委市政府希望整合好本地的金融资源，支持浦发银行构建多元化和综合化的经营格局，提升综合竞争力，力争成长为具有更大影响力的金融企业。在牌照扩张过程中，浦发银行很好地把自身发展战略与地方政府的国资改革相结合，实现了借力发展，达到了事半功倍的效果。上海国际集团是上海市的国资运

营平台与金融国资平台，积极配合政府部门统筹决策，做好项目支持，并在流动中实现增值和国资效益最大化。

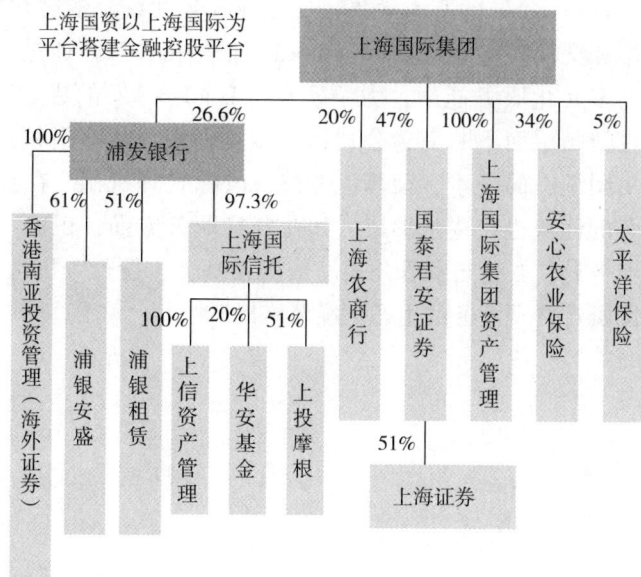

资料来源：平安证券研究报告《浦发银行定增收购上海信托事件点评》。

图6-4　上海国际集团金融控股平台

四、把综合经营融入企业发展战略和经营实践

近年来，浦发银行树立了"集团化、专业化、数字化、轻型化、国际化、集约化"的"六化"发展战略，把综合经营放在十分重要的位置，提出要"全面提升综合化金融服务能力，打造高绩效全能型银行集团"，其经营战略主要围绕综合化经营、集团化管理、多牌照经营三大方面协同推进。力争"在巩固银行主业核心竞争优势基础上，推动多牌照金融业务的融合与协同发展，力争在加强综合化经营、增强市场竞争力、打造发展优势、提高轻型化程度等方面取得显著成效"①。当前浦发银行的业务范围"除银行主业外，还涉及基金、信托、金融租赁、境外投行、科技银行、村镇银行、货币经纪等多个金融业态，综合金融服务能力持续提升"②。

---

① 详见《上海浦东发展银行股份有限公司2016年年度报告》。
② 李鹏. 浦发银行混业经营对绩效的影响研究［D］. 南昌：江西师范大学，2016：15.

　　在具体的经营管理中，企业管理者开始有意识地引导和促进银行母体与其他金融业态的协同发展。"一是在合规前提下将集团内子公司间的业务内化，确保'1+1=2'的基本效果；二是建立集团统一的客户共享机制，推进客户共享和交叉销售，实现'1+1>2'的效果；三是通过跨行业的产品创新，提高多元化服务能力，力争实现'1+1>3'的成效"①。同时，浦发银行还在集团层面不断完善公司治理架构，强化战略引领，面向综合化经营建立集团统一的资本、预算、考核、风险管理机制。在具体业务领域，综合经营的优势也在逐步形成，如在资管业务方面，积极"构建集团整体的资管业务链，银行与资管公司、信托、基金、投行等机构各取所长，形成银行集团资产管理业务的生态化经营格局"②。

---

　　① 王俊丹. 浦发银行副行长谢伟：综合化经营是银行战略转型推进器 [N]. 21 世纪经济报道，2016–12–01 (10).
　　② 王俊丹. 浦发银行副行长谢伟：综合化经营是银行战略转型推进器 [N]. 21 世纪经济报道，2016–12–01 (10).

第七章 我国中型商业银行综合经营策略建议

基于前文的分析可以看到，综合经营是商业银行适应金融市场一体化、加快经营转型的重要战略选择，不仅仅是大型银行，一些中型商业银行也在选择走综合化发展道路。在风险可控的前提下，经营保险、证券、信托等多个领域的金融业务，实现收入多元化和竞争差异化。在具体实现路径方面，中型商业银行应当按照"战略清晰、强化主业、渐进发展、风险对冲、科技引领、合规运行"的原则，充分分析内外部经营环境，在综合化发展中充分发挥好自身特色与优势，实现更有质量、更可持续的均衡发展。本章将对前文的分析论证进行归纳总结，并聚焦中型商业银行综合经营的具体原则与实现形式，为我国中型商业银行突破发展瓶颈提出几点建议。

第一节 我国中型商业银行综合经营的动因与困局

为有效应对利率市场化、金融脱媒、客户需求变化等多重挑战，商业银行纷纷将综合经营作为自身发展的战略选择。目前，工商银行、农业银行、中国银行、建设银行、交通银行等国内大型银行均已开展了不同程度的综合经营。对中型商业银行而言，开展综合经营是其加快转型，进而与大型银行同台竞争的必然要求；同时，中型商业银行在发展到一定阶段后，均不约而同地开始综合经营的探索，表现出了强劲的内生动力。然而，对大多数中型商业银行来说，综合经营带来的困难与挑战同样不容忽视。因此，深入分析中型商业银行综合经营的动因和困难，是探寻未来发展路径的基本前提。

一、我国中型商业银行综合经营的动因分析

（一）顺应客户需求变化和金融业改革开放的必然选择

中国银行业从分业经营走向综合经营顺应了客户需求变化的必然趋势。随着客户需求的日益多元化和复杂化，金融创新活跃，金融产品不断推出，跨产品、市场、机构的金融产品与服务快速发展。以资管行业为例，截至2017 年末，我国"整个大资管行业合计管理资产约 120 万亿元，为同期广义货币 M_2 的 71%"[①]。同时居民财富快速累积，金融需求日益多元。除了储蓄以外，中国居民对保险、证券投资的需求也十分旺盛，需要金融机构提供一站式的多功能金融服务。传统商业银行、证券公司、保险公司显然无法有效满足客户全方位、多样化的金融服务需要，综合经营势在必行。

全球经济一体化推动了国际贸易自由化和金融自由化，放松管制成为20 世纪中后期至今的经济发展主基调。这既包括利率和汇率的市场化，也包括微观层面银行经营范围的扩大，综合经营、混业发展成为全球性银行的普遍选择。中国金融市场的开放步伐不断加快，外资商业银行、保险公司和证券公司纷纷进入我国市场，在 2018 年的博鳌亚洲论坛上，人民银行行长易纲表示中国金融开放将有 12 大举措，包括放宽银行、证券、保险等行业的外资股比限制，大幅度扩大外资银行业务范围等，这些都将对中资银行，特别是经营范围狭窄、产品丰富度不高的中型商业银行带来巨大挑战，导致其竞争压力陡增。

（二）应对市场分工和利率市场化的有效手段

最初，银行从事的是货币托管业务，随着经济社会的发展才逐步形成了现代意义上的商业银行，后来又不断衍生出保险、证券、信托等新的金融业态，在这一发展脉络中体现的是社会分工的不断细化。但市场机会不是无限的，专业分工不断深化带来了行业边际报酬的下降，市场竞争迫使银行开始利用资本、人才的优势进一步拓展业务范围，获取范围经济效应与协同效应。从金融的发展轨迹来看，货币市场与资本市场之间及其内部各子市场之间相互融通、协调发展，是当前金融市场发展的重要趋势。

目前，我国利率市场化不断深化，以利差收入为主要收入来源的大多

[①] 蔡咏. 资管新规下证券公司资产管理业务布局与展望 [J]. 清华金融评论，2018（4）：37.

数中型商业银行，调整收入结构的要求更为迫切。根据 2017 年部分银行在年报中的披露，净息差已经收窄到 2% 以内，个别银行（如天津银行）的净息差甚至只有 1.25%。中型商业银行迫切需要通过综合经营，打造"一站式"金融服务平台，丰富收入来源，有效优化收入结构，从根本上改变依赖单一利差收入格局的局面，在日趋残酷而激烈的市场竞争中求得生存和发展。

（三）促进效益提升和强化核心竞争力的重要方向

近年来，国内中型商业银行的重点客户和集团客户占比不断提高，此类客户对于金融服务的需求日趋多元化。随着企业发展层次的提升、并购重组活动的增加，客户的金融服务需求向投资银行、资产管理、财务顾问等方面扩展，为中型商业银行开展综合经营奠定了坚实的客户基础。经过多年转型发展，我国中型商业银行的盈利能力、运营效率、资产质量、发展规模等都取得了长足进步，中型商业银行开展综合经营，能够通过集团内部整合来优化资源配置，实现客户资源、营销渠道、金融产品、信息技术、人才队伍等方面的资源共享，有效提高服务效率，降低经营成本，分散和降低经营风险，实现了协同效应，提升综合竞争力。从国际银行业的经验来看，综合经营可有效增加母公司的盈利能力，目前领先的国际银行总收入中的 50% 以上都来源于非利差收入。我国商业银行综合经营刚刚起步，盈利提升效应尚不明显，中型商业银行在多元化发展过程中要注重经验积累和绩效分析，不但要设立多元化子公司，丰富产品种类，更要经营好这些多元化业务，借助母银行的优势快速发展，不断提升对集团的利润贡献度。

此外，大型银行目前已具有全面完善的金融产品线，服务客户能力较强，中型商业银行若想获得与其在同一起跑线上竞争的平台，就需要在综合经营方面获得突破。中型商业银行可以通过开展多元化经营调整业务结构，分散经营风险，避免因同类产品、同类业务的风险敞口占比过大而形成集中度风险问题。例如，通过介入多种金融业务，可以有效降低信贷业务比重，有效降低信用风险，还可以利用衍生金融产品业务来有效对冲市场风险。

（四）实现经营突破和竞争模式转变的必然结果

近些年，我国商业银行综合经营有序开展，大型国有银行综合经营的种类几乎涵盖所有类型业务。在中型商业银行中，部分全国性股份制银行的综合经营发展水平相对较高，而城市商业银行和农村商业银行的综合经营基本处于起步阶段。从前文的分析和实证可以看出，综合经营对于中型商业银行发展到一定阶段后能否继续与大型银行同台竞争，能否有效提升自身发展层次，均具有极其重要的作用。不可否认，产品体系、创新能力、管理水平、人才队伍、信息科技等都是中型商业银行发展的短板所在，其几乎贯穿于中型商业银行的各个发展阶段。换言之，无论中型商业银行对综合经营抱有何种态度，上述困难都会对其形成或多或少的困扰。然而，前文研究表明，恰恰是通过迎难而上的综合经营，中型商业银行更能够逐渐克服这些困难，为自身发展扩展出广阔的空间。

近几年，国内银行同业竞争呈现新的态势。一是从产品经营竞争向模式转型竞争转变。客户需求和产品供给呈现多元化趋势，改良传统的产品和服务对盈利能力提升的促进作用日趋弱化，经营管理模式创新将成为开拓蓝海、决胜未来的不二法门。二是从传统盈利模式竞争向综合化竞争转变。互联网金融发展颠覆了商业银行以物理渠道为主的传统获客模式、服务模式和盈利模式，加速了金融产品创新，降低了服务成本，提高了金融资源配置效率。三是从规模数量竞争向全面价格竞争转变。规模发展不再是影响商业银行盈利增长的唯一核心要素，基于资产利用的收益率和经营成本率综合计算的定价能力对盈利能力提升的影响日益显著，商业银行间规模数量竞争让位于全面价格竞争。在上述背景下，中型商业银行参与金融市场的竞争，已逐步上升为银行之间及银行与所有相关金融机构之间跨业务领域的综合经营模式转型竞争。传统竞争模式受到严峻挑战促使中型商业银行利用传统客户和渠道基础开展金融租赁、保险、投行、资管等综合化业务拓展盈利渠道，同时积极寻求新的利润增长点，综合经营必然成为中型商业银行发展之路上水到渠成的路径选择。

（五）适应监管变化和行业发展的主动选择

从国际金融业发展的趋势来看，监管者越来越认识到"金融监管的根本目的在于保证国家经济、金融体系的稳定性，在为金融业发展创造公平、有效竞争的前提下，提高金融业的经营效率"[1]，简而言之就是要实现金融安全与效率之间的平衡。美国的《格拉斯—斯蒂格尔法》《金融服务现代化法》《多德—弗兰克法案》这些政策的变化就体现了监管者监管思路的转

---

[1]　郑明高. 中国金融业混业经营的路径选择［M］. 北京：中国经济出版社，2012：33.

变，更多地从限制性监管转变为鼓励性监管，避免对市场的扭曲和对竞争的破坏。

我国的金融监管理念也在不断变化，监管能力也在逐步提升，从改革开放前以行政手段规范投融资活动，到逐步建立起了以市场为导向的现代金融监管体系，维护了国家金融稳定，有效地减少了金融市场的负外部性。尽管我国目前实行的仍是分业经营、分业监管的金融监管制度，但综合经营的探索也一直没有停止，如中信集团等金融集团通过特批的形式得以建立，推进了对金融综合经营的探索与试点。此外，21 世纪以来，在政策层面，对商业银行设立基金、信托、租赁等其他非银行金融机构先后出台了具体的管理规定。中型商业银行在金融创新过程中，通过自身的业务探索，推动了监管政策的变革，同时监管政策的调整也给中型商业银行综合发展提供了平台与方向。

二、我国中型商业银行综合经营面临的困境

（一）牌照获取尚存困难

2005 年《商业银行设立基金管理公司试点管理办法》颁布，开启了商业银行在有效监管下的综合经营道路，目前部分中型商业银行已逐渐在个别领域实现了跨行业经营，开始涉足保险、信托、租赁等业务。根据相关法律法规和规范性文件的规定，商业银行从事综合经营的门槛并不高，但是由于我国对金融业的准入实行的是牌照管理，监管机构在审批时要求比较严格，真正实现综合经营的中型商业银行仍为数不多。业务牌照是商业银行综合经营的基础，目前牌照不足成为制约中型商业银行深入开展综合经营的重要障碍，对其布局金融全产业链，满足客户综合化金融需求造成较大影响。

（二）管理能力存在不足

中型商业银行，特别是一些大型的区域性城市商业银行和农村商业银行，由于转制于城市信用社和农村信用社，管理模式和管理手段较为粗放，法人治理结构不完善，信息化水平较为落后，合规意识不强，制度执行不力，管理理念、营销意识、服务效率等方面与先进同业仍存在较大差距。此外，管理创新是商业银行提升核心竞争力的重要着力点，而众多中型商业银行在此方面难有亮眼表现，其组织架构、流程设计、资源配置，甚至体制机制，与综合经营所要求的管理能力仍难以匹配，集团管理的经验层

面更显不足。

(三) 创新能力亟待提升

较之大型银行，中型商业银行业务产品体系的健全程度仍存在一定差距，业务产品同质化问题突出。随着银行业内外部经营环境的巨大变化，中型商业银行在产品、服务、流程、管理等方面面临着越来越高的创新要求。此外，随着科学技术的发展，尤其是金融科技的进步，科技支撑引领业务发展已成为银行业的重要发展趋势。中国银行业协会公布的数据显示，2016 年我国主要银行业金融机构在科技方面投入的资金高达 1135 亿元，中国银行更是表示未来将把营业收入的 1% 投入到金融科技领域。中型商业银行在金融科技创新领域，与国有大型银行相比相对较弱，科技投入相差较大，存在巨大的提升空间，科技发展驱动业务产品创新的发展格局尚未完全形成。

(四) 风险管理有待加强

总体来讲，中型商业银行已经建立了相对全面的风险管理体系，但主要是被动式的风险管理，与大型银行相比风险管理水平还有待加强。中型商业银行的风险管理政策和手段更多的是基于监管要求，自主性、内生性的机制作用较弱；"受长期风险管理环境和较低的风险管理水平约束，认为风险管理与业务发展相互对立"①，把风险管理与经营对立起来，一味追求低风险业务，丧失了很多发展机会；全面风险管理建设滞后，缺乏技术手段，信息系统不健全；缺乏组合风险的管理意识和能力。由于前期的积累和储备不够，中型商业银行在应对银行业务这样一种单一类型风险时，风险管理能力尚显不足。如果开展综合经营，业务领域拓展到更大范围，风险控制将变得更加困难，中型商业银行能否有效应对综合经营带来的特殊风险存在着一定的不确定性。

(五) 优秀人才依旧匮乏

中型商业银行由于品牌知名度、人力资源管理能力等方面的劣势，在优秀人才的培养、争夺和保留等方面与业内知名机构和大型银行之间仍存在明显差距，跨专业复合型技术人才和管理人才基本处于长期匮乏的状态。特别是城市商业银行和农村商业银行，由于历史原因，人员结构长期存在

---

① 孙宗宽. 中国中小商业银行发展战略研究 [M]. 北京：中国金融出版社，2015：157.

不合理的情况，冗员与缺员现象并存，短期内难以调整，高学历员工不少，但专业领域的专家不多。股份制银行的专业人才相对较多，但人员流动较为频繁。根据中国银行业协会的研究，2013—2015 年银行业流出的人员中，股份制银行流出人员以专业技术人员为主，占比达到 64.3%，显著高于其他类型商业银行的比例[①]。此外，非银行金融机构的蓬勃发展，也为中型商业银行的人才争夺造成更多难题。综合经营对中型商业银行的人才储备、人力资源配置、薪酬与绩效管理、人才引进等方面均提出了重大挑战，人才问题成为综合经营实施过程中的一个重要困局。

第二节　我国中型商业银行综合经营的基本原则

根据理论探讨与实证分析，并借鉴国际国内商业银行综合经营的发展经验，同时结合我国金融体制改革及金融市场变革的宏观背景，我国中型商业银行在开展综合经营的过程中，应遵循"战略清晰、强化主业、渐进发展、风险对冲、科技引领、合规运行"的原则。

一、战略清晰原则

总体来讲，中型商业银行开展综合经营旨在交叉销售，降低交易成本，充分发挥协同效应，获得规模经济和范围经济，但实现发展预期必须要有清晰的战略目标。由于中型商业银行总体体量偏小，在多元化发展方面不可能四面出击，因此要审慎选择金融业务开展多元化发展。同时，随着时代的变化，金融业也处在发展变化中，因此要结合战略目标及时调整发展策略。例如，花旗集团、德意志银行这样的大型国际金融机构也是在不断进行调整，花旗集团剥离并购的保险业务，德意志银行退出融资租赁等调整都是因时而变的范例。中型商业银行应通过对自身经营环境、人力资源、客户状况的分析，紧紧围绕战略目标与核心客群，结合地方经济发展现状和企业、居民的需求变化，树立企业经营的发展特色。在制定发展战略的过程中，要充分考虑地方经济的发展目标，妥善处理好与地方政府的关系。地方政府是很多中型商业银行的出资人或者实际控制人，政府的支持可以

---

① 中国银行业协会研究部课题组. 从人才流动看银行业人力资源发展面临的困难 [J]. 中国银行业，2016（5）：69－72.

稳定银行的资金来源，但也会由于过度干预而不利于公司治理，因此在战略目标设定时要与地方政府充分沟通，把企业战略与地方经济发展紧密结合。浦发银行收购上海信托的案例就很好地说明了地方政府在银行发展中的重要作用。地方政府组建地方金融控股公司的意愿也十分强烈，一些省级金融公司开始出现，中型商业银行要充分借力、获取支持，促进企业发展。

二、强化主业原则

相对于其他国家，我国是典型的银行主导型国家，银行业不但体量大，同时相对于其他金融业态，具有客户信赖、数据丰富、监管经验丰富等多重优势，因此在综合经营过程中要强化银行主业，把银行主业作为综合经营集团的发展主线。一是客户对银行的信赖要远远高于电信、能源等其他行业，能够给予客户更多的信赖感和安全感是银行独特的优势。二是银行拥有庞大的客户资源和渠道资源，可以帮助保险、证券、信托等业务实现快速发展。在银行品牌和数据的支持下，可以大幅提高营销的精准性，提高客户的信任度和忠诚度，有效降低营销成本。三是银行积累了很多"数据资产"，包括客户的金融数据和非金融数据，由于客户的信赖，银行采集数据的能力一直都比较强。四是在长期与监管机构的"交锋"中，银行在合规文化和合规经营方面能力比较强，良好的企业文化和经营实践有助于金融集团长期稳健发展。因此，综合经营应强化主业，先把主业做好做强，再逐渐形成"一主多业"的经营格局。

三、渐进发展原则

中型商业银行综合经营应坚持"先易后难、稳步推进"，先从与商业银行传统业务关联度高、风险较小的业务开始，如代理类业务、托管类业务、资产管理、金融租赁等，进而扩展到更加复杂的保险、证券、股权投资、金融衍生品等业务，不断塑造自身的核心竞争力。如果能够收购现有金融机构，应综合考虑投资或并购其他领域的成本、收益及业务发展对银行传统业务的协同效应等因素，避免出现管理、科技、人力等方面的风险。自主设立子公司时，要充分考虑经营牌照获得的难易程度，选择易于批准设立和有利于自身发展的模式，尽快取得突破，降低牌照申请的不确定性。目前，中型商业银行组建金融控股集团有两种模式，一种是纯粹性金融控股公司模式，在这一模式下母公司不经营具体业务，只是负责集团公司的财务、法律等管理性工作；另一种是经营性控股公司模式或称为银行控股公司模式，中型商业银行自身作为母公司，要经营具体银行业务，其他业务由设立的子公司来完成。纯粹性金融控股公司模式运行效率高、利益冲突少，但管理成本高，中型商业银行在初期其他业务单元数量少、规模小的情况下，可以暂时采用经营性控股公司模式，并随着业务的逐步壮大而过渡到纯粹性金融控股公司模式，满足集团公司更加专注管理的需求，确保集团总体战略的稳步实施。

四、风险对冲原则

不同模式的综合经营将给银行带来不同的收益与风险。中型商业银行开展综合经营应全面比较各项跨领域业务的收入流、产品交叉销售产生的利润、信息共享带来的协同效应与因此而产生的利益冲突、风险控制和竞争等方面的优劣，确保跨领域经营与银行传统业务互促互进，实现可持续健康发展。商业银行通过风险对冲，可以实现对利率风险、汇率风险、商品风险的有效管理，特别是利用收益负相关业务的组合实现自我对冲。中型商业银行综合经营中，也要建立好业务的"防火墙"，避免单一子公司的风险扩散为集团的整体性风险。特别是在综合经营的初期，要加强对高风险业务的限制，初期可以进行数量控制，内部设立严格的审查制度，产品和服务创新要经过严谨的评估，降低其不确定性，提升子公司自负盈亏的意识，从源头出发，进行风险管控。要确保各个业务的独立性，要设立独立核算的子公司，确保各项业务遵循自身逻辑发展，能够持续保持不同业务间的低相关性，防范系统性风险在集团内部发生、传导。

五、科技引领原则

大型国有银行综合经营的布局已经完成，历时很长时间，但与现在相比时移世易，随着信息科技的进步及监管体制的变革，经营环境和基础都有了很大变化，中型商业银行若沿袭原有的发展方式必然很难达到预期效果。科技是金融业发展的重要依托，我们要"充分认识到新一代信息技术革命不是零散、断点、局部性的技术革命，而是集群性、排浪式、全面的技术革命"①。金融科技的发展对商业银行经营模式冲击巨大，人工智能、云计算、移动互联网、区块链技术为很多业务的创新发展提供了条件，也使中型商业银行在转型发展过程中实现弯道超车成为可能。中型商业银行既要借鉴同业经验，高度关注金融科技的发展，又要面向客户、面向流程、面向决策，加强信息科技能力建设，利用好新的技术条件去实现综合经营的目标。与此同时，中型商业银行也要高度关注新技术带来的科技风险，趋利避害，做好客户信息保护、数据备份、应急管理等风险防范工作。

六、合规运行原则

目前，我国中型商业银行开展综合经营仍处于摸索发展阶段，国家政策层面尚未对金融控股公司出台专门的制度法规。同时，随着我国近些年经济社会的快速发展，在金融领域也积累了大量的问题，如资金空转、监管套利、脱实向虚等，对国民经济的持续稳健发展带来了巨大的潜在风险。近两年监管层面加大了对银行违规违法经营的检查力度，2017 年中国银监会组织开展了"三三四十"等系列专项治理行动，处罚力度也空前加大，动辄达到数亿元。仅 2018 年第一季度，银保监会就处罚银行和保险机构646 家次，涉及金额高达 11. 58 亿元。其意图就在于让银行回归资金融通、服务实体的本源。因此，在探索综合经营发展过程中，中型商业银行必须坚持稳健发展，在符合相关业务监管政策和行业发展规律的条件下合规经营，避免在交叉销售和产品协同创新过程中触及法律法规的红线，强化审慎合规经营理念，积极构建合规文化，推动本机构从被动合规向主动合规、从形式合规向实质合规转变，避免在实施综合经营中出现大的波动，确保各项业务长期稳健可持续发展。

第三节 我国中型商业银行综合经营的路径选择

我国中型商业银行由于在自身发展阶段、管理水平及外部发展环境等方面存在差异，难以找到一条放之四海而皆准的综合经营战略路径。因此，本文结合国内外先进银行的经营实践，为中型商业银行综合经营提出了以

---

① 狄刚. 从供需两侧透视金融科技 [J]. 中国金融，2018（5）：73.

下几条路径。

一、全面发展、银行主导，打造银控集团

对于体量规模较大、发展层次较高、综合经营态势良好、业务产品体系相对完备的中型商业银行，特别是已经实现跨区域发展的全国性股份制银行和城市商业银行，由于其在管理经验、风控手段和专业技术人才等方面相对比较完备，已具有一定的核心竞争能力，应充分发挥自身资源优势，采用发起设立全资或控股子公司、入股现有机构等股权投资举措，实现金融全牌照的目标。从前文的分析中可以看出，综合经营对中型商业银行整体绩效提升有着明显的作用，一些综合化发展缓慢的中型商业银行要及早行动起来，借鉴浦发银行、招商银行等银行的经验与做法，结合自身状况与客群特点，有选择性地开始拓展业务领域，形成综合化竞争优势。在发展过程中，此类中型商业银行可充分利用股东资源优势，如有的银行股东为外资机构，有着丰富的综合经营经验，可以在业务扩张中给予技术支持；有的股东参股或控股多家金融机构，借助这些相关企业的渠道、技术、人才等资源，实现客户资源共享，开展交叉营销，形成发展合力，迅速扩展并占领市场。

在并购或新设其他金融机构的方式选择方面，并购和新设各有利弊。银行通过并购实现多元化发展的速度更快，可以更好地保留原有机构的市场份额和区域影响力，绕过牌照申领期，快速获取其他金融业态的经营管理经验等。但其成本同样比较高，如文化的融合成本、支付的财务成本、运营的整合成本等，乃至外部负效应，如"并购导致的不同程度的垄断将给社会福利造成净损失；并购后大量裁员导致失业率提高"[1]。至于采用何种形式，中型商业银行要结合牌照的获取难度、人才储备、拟涉足区域的竞争状况等因素综合考虑。

中型商业银行在控股和参股其他金融机构时，应特别注意以下基本条件：一是符合市场准入条件。要符合监管部门有关资本、人员、场所、系统等相关资质条件的规定。二是具备市场发展空间。拟投资机构运作模式相对成熟，具备一定的业务和市场发展空间。三是风险相对可控。拟投资机构应具备较完善的风控体系，相应的技术手段和人员配置可以达到风控

---

① 冯嗣全. 银行国际化的路径选择：跨国并购抑或新设投资 [J]. 当代财经，2003（12）：40.

基本要求，不良资产处于较低水平。四是与传统商业银行业务有协同效应。拟入股机构与中型商业银行在客户、渠道、业务等方面具有一定的契合度。

当此类中型商业银行与其所入股的各业务领域公司协同发展到一定程度后，可考虑进一步开展股权整合，成立银行控股集团，银行作为集团母公司除了经营好商业银行业务，也要注重集团资源的整合与利用，为其他金融子公司提供庞大客群和销售渠道，下属法人机构分业经营、独立运作，实现协同发展。同时，也要积极拓展新的业务，如债转股、投贷联动、产业基金等，积极与大型银行开展竞争，获取先发优势，在新的业务领域形成与巩固业务特色，找到新的业务增长点。

二、借力发展、强强联合，融入地方金控

近几年，随着国企改革和金融改革的全面深化，各地政府为了优化投融资体制、加快产融结合、推进国资改革，更好地服务地区经济发展，纷纷加快布局地方金融控股集团，地方金融控股平台已逐渐形成良好的发展势头。尽管存在政府色彩过重、市场拓展能力不强、投融资人才缺乏等问题，但地方政府整合区域金融资源的意愿十分强烈。上海等地在 2007 年就提出了组建地方金融控股公司的计划，目前上海国际集团已经成为以国资运营和投资管理"双轮驱动"为核心的国有资本市场化运作专业平台，控股或参股浦发银行、上海农村商业银行、国泰君安证券、华安基金、上海证券等多家金融机构。

地处北京、上海、广东、浙江、江苏等经济发达地区的区域性中型商业银行，在资产规模、盈利能力和风险管控等方面均已具备一定发展基础，但因监管政策的原因尚无法跨区域发展，其自身虽然已经具备独立全面推动综合经营的条件，但目前牌照缺失、业务产品体系不全的障碍仍然比较严重，完全依靠自身力量开展综合经营，短期内难以实现发展层级的跨越提升和对先进同业的弯道超车。蓬勃发展的地方经济吸引了众多金融机构，市场竞争越发激烈，分业经营的劣势开始显现，整合好地方金融资源，参与地方金融控股平台建设不失为一些区域性中型商业银行发展的一个重要战略选择。

此类中型商业银行应充分借助所在地区的地方金融控股平台，把握地方金融资源、产业资本整合布局、优化配置的发展机遇，依托地方政府的改革举措，通过与该地区其他相关的地方金融机构进行股权整合，打造强

化地方金融控股集团。以省、市为单位的金融控股公司已经在一些地区，如四川、广州等地相继设立，成为地方政府整合地方金融资源，推动地区经济发展的重要平台。在一些经济发达地区，如京津冀、长三角、珠三角等区域，甚至可以组织筹建跨省级的金融控股公司，由多个省市的国有资产管理公司共同出资，增加区域金融供给活力，推动区域经济的融合，促进大型都市圈的形成与发展。中型商业银行可以子公司形式完全融入地方金融控股集团，有效提升自身获得政策支持、资源优配、业务机会的能力，全面提升市场竞争力和综合经营水平，同时助力所在地区实现金融资源的整体整合与优化，有效支持地方社会经济发展。

三、创新发展、积极有为，构建特色银行

部分区域性中型商业银行发展水平相对较高，资产规模和质量处于中型商业银行的中上游水平，内部管理和组织流程也较为完善，银行业务产品体系相对健全，投行业务、资管业务等也有涉足或具备一定的基础，甚至已经获得了部分非银行金融机构牌照，但总体来讲尚不具备打造银行控股集团的实力，也无意于并入地方金融控股平台。此类中型商业银行在实施综合经营战略中，建议将发展重点放在打造特色化业务领域，以特色业务带动银行整体发展。在形成发展特色方面，提出以下建议。

一是把现有优势业务发展好，实现强者恒强。对于投行业务发展较好的银行，可以通过业务剥离开设专营机构，参股、并购本土证券机构，或借道香港设立非银行子公司等形式进入专业性要求较高的证券行业；对于保险业务发展得不错，也比较希望在这一领域形成业务优势的银行，可以利用现有法规，通过认购、收购或受让股权等方式参股保险公司，推进综合经营。在实施过程中，可配合进行内部组织架构创新，将相对独立的业务模块逐步从商业银行传统业务领域剥离，进行事业部制运行，条件成熟后成立子公司，即成立外部专营机构，推动实现综合经营目标。例如，分离商业银行线上业务、投资银行业务成立直销银行和投资银行，分离信用卡业务成立专营公司，分离理财等业务成立资产管理公司等，进而获得专业化分工带来的收益。

二是结合地方经济发展特色业务。中型商业银行可结合本地区的经济特点，有针对性地开展综合经营。如硅谷银行的例子就反映出银行可通过产品服务创新服务好本地的高科技企业。随着我国经济转型升级，高质量

发展已经成为各级政府的共识，各地都在打造地方经济特色，如文创园区、高新区、特色小镇等，这些企业除了传统信贷业务以外，也会有很多的金融需求，中型商业银行可以结合地区企业多元化金融需求的共性定向打造自身综合化发展特色。

三是积极跟进创新性业务。我国金融监管部门近期出台了关于市场化债转股、投贷联动、资产证券化等多项新业务的监管法规，从支持中小企业和地方经济发展的角度着眼，监管部门非常鼓励中型商业银行参与试点，也营造了一个比较宽松的监管环境，这是一个非常好的实现经营转型升级的发展机会。虽然初期对银行总体绩效的增进不会十分明显，但对能够持续坚持并扎实推进的中型商业银行来讲，这是塑造自身业务特色的重要途径。

四、渐进发展、步步为营，稳推综合经营

部分银行新近跨入中型商业银行行列，资产规模还偏小，具备一定发展基础但各种资源储备还不够充分，在其所在地区和同类机构中初具竞争实力，但目前由于其自身条件和外部环境的制约，无法通过银控和金控路径实现综合经营，自身持有的金融牌照很少或只有银行牌照。对于此类中型商业银行，应按照由易至难的原则，逐步积累经验，培养人才，依靠自身力量逐层递进实施综合经营战略。

此类中型商业银行首先应聚焦于夯实内部基础，扎实推进公司治理、内部流程、风险管理、科技支撑等基础性工作，业务发展方面应从内部综合化经营开始，通过与外部金融机构合作及内部产品服务的深层次创新，打造完备的实施综合经营的业务产品体系和部门组织架构，大力发展无须获得新营业牌照、通过内部产品创新和交叉销售等方式为客户提供的各类中间业务。目前，我国商业银行的中间业务包括"支付结算类、银行卡类、代理类、担保及承诺类、金融市场类、托管及养老金类、投资银行及咨询顾问类、理财类、国际业务类、电子银行类、特色类中间业务"①。中型商业银行要先从低风险的仅是中间人角色的业务开始，代理业务全覆盖，积极开展非牌照投行业务，再进入或有资产、或有负债的业务，推进股票质押贷款、资金拆借等业务，通过同业合作开展第三方存管服务等。

---

① 中国银行业协会中间业务专业委员会. 中国银行业中间业务产品手册［M］. 北京：中国金融出版社，2016：8.

　　在开展内部综合经营的同时，如果条件和能力允许，该类中型商业银行可设立金融租赁公司、消费金融公司、信用卡子公司等与传统业务联系紧密的非银行机构，这类机构设立阻碍相对较小，可以作为外部综合经营的突破口；如果经营效果能够达到预期，可进一步发起设立基金管理公司和信托公司等复杂度更高的非银行金融机构，以最终实现各类金融业务的综合化发展。

　　综上所述，中型商业银行综合经营涉及的金融业务领域宽广，内部综合经营和外部综合经营的措施多样，自身经营状况、风险管控能力、人才积累储备等都不尽相同，所在地区的金融经济环境也千差万别。同时，在实施综合经营战略的操作过程中还有很多具体问题。因此要统筹判断综合经营路径的优劣，根据自身特点和所处环境，充分考虑监管体制变化趋势及金融市场发展状况，选择能够有效满足自身发展要求的综合经营路径。

参考文献

［1］黄强．中国金融控股公司发展模式研究——基于效率和风险视角［M］．北京：中国金融出版社，2013．

［2］张衢．银行与未来——商业银行特征、转型与发展趋势［M］．北京：中国金融出版社，2017．

［3］中国银监会政策研究局．金融集团监管原则（2012版）［M］．北京：中国金融出版社，2014．

［4］徐文彬．金融控股公司发展与监管模式选择研究［M］．北京：经济科学出版社，2013．

［5］赵婧．商业银行混业经营模式研究——基于美、英、德的模式比较［M］．北京：中国金融出版社，2016．

［6］［美］曼昆著．经济学原理［M］．梁小民，梁砾译．北京：北京大学出版社，2015．

［7］康华平．商业银行综合经营及风险控制研究［M］．北京：中国金融出版社，2012．

［8］谢平，蔡浩仪．金融经营模式及监管体制研究［M］．北京：中国金融出版社，2003．

［9］张健华．中国金融体系［M］．北京：中国金融出版社，2010．

［10］张健华．利率市场化的全球经验［M］．北京：机械工业出版社，2013．

［11］张健华．美国金融制度［M］．北京：中国金融出版社，2016．

［12］陆磊．金融机构改革的道路抉择［M］．北京：中国金融出版社，2018．

［13］黄毅，杜要忠译．美国金融服务现代化法［M］．北京：中国金融出版社，2000．

［14］何建雄，朱隽．欧盟金融制度［M］．北京：中国金融出版社，2015．

［15］吴国培．英国金融制度［M］．北京：中国金融出版社，2016.

［16］骆品亮．产业组织学［M］．上海：复旦大学出版社，2006.

［17］中国中小银行发展论坛，中国直销银行联盟．中国中小银行发展报告（2017）［M］．北京：社会科学文献出版社，2017.

［18］［美］罗伯特·卡普兰，大卫·诺顿著．平衡计分卡——化战略为行动［M］．刘俊勇，孙薇译．广州：广东经济出版社，2013.

［19］万峰．金融集团监管国际比较与中国选择［M］．北京：中国金融出版社，2013.

［20］徐明星，田颖，李霁月．图说区块链［M］．北京：中信出版集团，2017.

［21］［法］托马斯·皮凯蒂著．21 世纪资本论［M］．巴曙松，陈剑，余江，周大昕，李清彬，汤铎译．北京：中信出版社，2014.

［22］孙宗宽．中国中小商业银行发展战略研究［M］．北京：中国金融出版社，2015.

［23］中国银行业协会中间业务专业委员会．中国银行业中间业务产品手册［M］．北京：中国金融出版社，2016.

［24］郑明高．中国金融业混业经营的路径选择［M］．北京：中国经济出版社，2012.

［25］秦洪军．金融综合经营研究——基于天津滨海新区的实证分析［M］．北京：中国财富出版社，2013.

［26］黄卫华．我国金融经营体制发展趋势探索［M］．广州：暨南大学出版社，2014.

［27］［美］G. 爱德华·格里芬著．美联储传——一部现代金融史［M］．罗伟，蔡浩宇，董威琪译．北京：中信出版集团，2017.

［28］中国保险行业协会．全球视野下的银行保险——业务实践与经验启示［M］．北京：中国金融出版社，2016.

［29］中国银行业监督管理委员会宣传部．中国银行业监督管理委员会2016 年报［M］．北京：中国金融出版社，2017.

［30］白海峰．德银会是下一个雷曼吗？［J］．清华金融评论，2017（2）.

［31］边卫红，杜雨晗，杨向荣．"沃克尔规则"改革进行时［J］．清华金融评论，2018（5）.

［32］蔡卫星．分支机构市场准入放松、跨区域经营与银行绩效［J］.

金融研究, 2016 (6) .

　　［33］蔡咏. 资管新规下证券公司资产管理业务布局与展望 [J]. 清华金融评论, 2018 (4) .

　　［34］陈国庆. 英国金融体系的特征与新发展 (上) [J]. 南开经济研究, 1990 (3) .

　　［35］陈建华. 中央银行制度与自由银行业制度的论争 [J]. 财经科学, 2000 (3) .

　　［36］陈静思. 中国商业银行混业经营转型研究——以上市银行为例 [D]. 上海: 华东师范大学, 2015.

　　［37］陈隽侃. 集团化视角下商业银行投贷联动业务研究 [J]. 福建金融, 2016 (6) .

　　［38］陈柳钦. 德国金融混业经营及其监管 [J]. 上海金融学院学报, 2008 (4) .

　　［39］陈少哲. 论金融混业经营潮流下我国金融监管体制的构建——以次贷危机后英国金融改革经验为借鉴 [J]. 法制博览, 2016 (4) .

　　［40］陈康, 贾春新. 宏观视角下的商业银行综合化经营问题探讨 [J]. 农村金融研究, 2015 (10) .

　　［41］邓兰松, 边绪宝. 德国全能银行的发展、变革与启示 [J]. 济南金融, 2004 (5) .

　　［42］邓瑛. 金融危机后英国金融监管改革的经验与启示 [J]. 金融纵横, 2016 (6) .

　　［43］董小君, 钟震. 德意志银行危机的特征、成因及其启示 [J]. 国家行政学院学报, 2017 (2) .

　　［44］高波. 金融控股公司关联交易监管 [J]. 中国金融, 2018 (13) .

　　［45］高波, 于良春. 中国银行业规模经济效应分析 [J]. 经济评论, 2003 (1) .

　　［46］高国明. 我国金融控股公司经营风险的实证分析 [J]. 财会通讯, 2011 (7) .

　　［47］郭斌. 后金融危机时期中国金融综合监管改革框架初探 [J]. 甘肃金融, 2017 (8) .

　　［48］郭树清. 英国货币政策和金融管理的历史演变 [J]. 管理世界,

（双月刊），1988（2）.

[49] 韩颖梅，于振海. 我国商业银行金融产品专利权保护现状及对策 [J]. 学理论，2016（1）.

[50] 何砚，郑又源，刘兰勇. 混业经营条件下金融机构多元化经营的价值链分析 [J]. 当代经济管理，2014（4）.

[51] 贺敬芝. 监管改革对美国银行业经营影响分析 [J]. 银行家，2018（2）.

[52] 侯翔，曾力. 我国商业银行综合化经营的规模经济与范围经济效应 [J]. 南方金融，2016（10）.

[53] 侯志茹，陈俊杰，王子良. 国外商业银行表外业务风险管理的经验 [J]. 银行家，2017（1）.

[54] 胡挺，王继康. 银信混业经营、价值创造与风险水平——以兴业银行并购联华信托为例 [J]. 经济问题探索，2013（12）.

[55] 纪盛. 从南京银行事件看我国中小商业银行的综合化经营 [J]. 中国银行业，2017（6）.

[56] 景学成. 美国跨州银行业的发展与前瞻 [J]. 美国研究，1988（4）.

[57] 李丹. 建设银行加快综合化经营步伐：走活转型"先手棋" [J]. 中国金融家，2017（2）.

[58] 李建. 金融业混业经营的新制度经济学诠释 [J]. 特区经济，2005（2）.

[59] 李南青. 坚持"普惠金融"战略　引领金融科技发展方向 [J]. 银行家，2018（6）.

[60] 李鹏. 浦发银行混业经营对绩效的影响研究 [D]. 南昌：江西师范大学，2016.

[61] 梁琪，余峰燕. 商业银行混业经营、承销商独立性与 IPO 股票质量 [J]. 世界经济，2014（1）.

[62] 刘纪鹏，刘彪. 中国金融业综合经营趋势下的监管模式选择 [J]. 清华金融评论，2016（1）.

[63] 刘珈彤. 花旗集团银行系保险发展模式研究 [D]. 北京：对外经济贸易大学，2014.

[64] 刘金源. 论 18 世纪英国银行业的兴起 [J]. 历史教学，2013

（14）．

[65] 刘瑾．区块链技术对货币体系及政策的影响分析 [J]．清华金融评论，2018（2）．

[66] 刘璐．经营模式转型是否为股东创造价值——以北京银行并购首创安泰为例 [J]．财会通讯，2016（4）．

[67] 刘明彦．银行业收入结构：美国、德国和中国的一项比较研究 [J]．财贸经济，2012（5）．

[68] 路春芳．金融控股集团资本金重复计算问题的数学分析 [J]．华北金融，2009（8）．

[69] 鲁政委，陈昊．金融控股公司并表监管的发展演进与国际经验 [J]．金融监管研究，2018（3）．

[70] 陆磊．面向新时代的金融体系构建与金融开发 [J]．清华金融评论，2018（6）．

[71] 陆岷峰，葛和平．地方性金融控股集团的发展现状及监管对策研究 [J]．区域金融研究，2018（1）．

[72] 陆晓明．美国银行业的保险业务——发展和前景 [J]．国际金融研究，2005（8）．

[73] 吕怀立，林艳艳．商业银行信贷资产证券化的动机与经济后果：一个文献综述 [J]．上海金融，2017（8）．

[74] 马雯，陈彦达．商业银行综合化经营风险研究 [J]．金融论坛，2014（2）．

[75] 羌建新．重视"沃克尔规则"溢出效应 [J]．瞭望新闻周刊，2014（13）．

[76] 乔炳亚．银行与证券分业问题研究 [J]．金融研究，2000（1）．

[77] 乔海曙．金融监管体制改革：英国的实践与评价 [J]．欧洲研究，2003（2）．

[78] 郄永忠．美国金融业混业经营之路 [J]．经济导刊，2004（11）．

[79] 清华大学国家金融研究院《商业银行法》修法研究课题组．综合化经营下商业银行的业务结构研究 [J]．清华金融评论，2016（6）．

[80] 沈满洪，张兵兵．交易费用理论综述 [J]．浙江大学学报（人文社会科学版），2013（3）．

[81] 宋翰乙，刘明坤，周颖．综合化经营国际银行的公司治理架构 [J]．金融论坛，2014（9）．

[82] 宋小川．美联储货币政策百年历程 [J]．经济学动态，2014（4）．

[83] 孙天琦．次贷危机后英国为什么抛弃金管会模式？[J]．清华金融评论，2016（1）．

[84] 唐婧，杨光．美国金融监管变革 [J]．中国金融，2018（13）．

[85] 汪洋．金融集团风险评估与经济资本管理研究 [J]．中国软科学，2010（S2）．

[86] 王鹤立．我国金融混业经营前景研究 [J]．金融研究，2008（9）．

[87] 王力，张跃文．金融综合经营、金融体系功能与经济增长 [J]．中国城市经济，2006（1）．

[88] 王伦，李斌．金融控股公司资本不足风险控制分析 [J]．现代经济信息，2018（5）．

[89] 王琪琼，王璐玲．20世纪90年代以来德国银行业的变革 [J]．国际金融研究，2001（5）．

[90] 王鑫．美国银行法的发展与趋势 [J]．上海金融，1996（5）．

[91] 王学军．金融控股公司发展的理论基础及启示 [J]．中央财经大学学报，2004（8）．

[92] 王毅．当前中国金融体系发展思考 [J]．中国金融，2018（12）．

[93] 王兆星．机构监管与功能监管的变革——银行监管改革探索之七 [J]．中国金融，2015（3）．

[94] 王馨悦．浅析美国银行行业集中度和市场竞争性 [J]．时代金融，2014（1）．

[95] 王礼，曹飞．美国中小银行经营特点及对中国城商行的启示 [J]．清华金融评论，2016（8）．

[96] 韦军宁，范利民．金融控股集团的内部控制研究——基于风险管理的视角 [J]．中国经济与管理科学，2008（7）．

[97] 吴菲，范晓觉．从价值链到价值系统——银行价值链管理的新趋势 [J]．财经科学，2002（7）．

[98] 吴晓灵．金融综合经营趋势——中国金融控股公司模式选择 [J]．科学决策，2004（9）．

[99] 吴旭．欧美金融监管体制变迁及其启示 [J]．银行家，2017（1）．

[100] 夏斌，陈道富．综合经营下的金融机构监管协调 [J]．银行家，2005（10）．

[101] 夏斌．由分业混业经营到金融控股公司的思考 [J]．国际经济评论，2000（11）．

[102] 徐斌．规模经济、范围经济与企业一体化选择——基于古典经济学的解释 [J]．云南财经大学学报，2010（2）．

[103] 徐枫，姚云，郭楠．规范产业控股金融平台刻不容缓 [J]．银行家，2017（8）．

[104] 徐为山．创造协同效应：国际活跃银行综合经营的经验 [J]．国际金融研究，2008（5）．

[105] 徐文彬，王大庆．中国金融业混业经营载体的比较与选择 [J]．学术交流，2006（5）．

[106] 徐晓鹏，武春友．关于银行业与证券业分业与混业经营的思考——美国的经验与我们的对策 [J]．财经问题研究，2001（7）．

[107] 徐亚文．伦敦城与英国的金融服务业 [J]．四川金融，1999（5）．

[108] 杨红．商业银行综合化经营问题研究 [J]．金融经济，2017（20）．

[109] 于永宁．金融监管模式的博弈与选择 [J]．山东大学学报哲学社会科学版，2011（4）．

[110] 徐枫，姚云，郭楠．规范产业控股金融平台刻不容缓 [J]．银行家，2017（8）．

[111] 余丰慧．德国银行 330 年不倒的启示 [J]．企业文化，2015（1）．

[112] 余珂．中信改制　上下心照不宣 [J]．经济月刊，2002（5）．

[113] 詹向阳，郑艳文．综合经营的历史和前瞻 [J]．中国金融，2015（17）．

[114] 张海云，高健，洪正华．既要有效市场，又要有为监管 [J]．

当代金融家，2015（3）．

[115] 张杰．纽约梅隆银行战略转型对中国工商银行资产托管业务发展的启示 [J]．经营管理者，2014（11）．

[116] 张军成，徐芳．资产组合理论视角下金融控股公司风险管理研究 [J]．财会通讯，2015（8）．

[117] 张坤．商业银行的投行之路 [J]．银行家，2015（6）．

[118] 张淦，高洁超，范从来．资产短缺、家庭资产配置与商业银行转型 [J]．金融论坛，2017（2）．

[119] 张艳．制度变迁与美国金融制度演变 [J]．中南财经政法大学学报，2002（6）．

[120] 张燕．民营金控退潮 [J]．中国经济周刊，2018（20）．

[121] 张兴荣，王哲．日本三大金融集团转型的实践经验 [J]．银行家，2018（2）．

[122] 赵聚辉，徐晶，黄颖．我国商业银行开展投资银行业务的协同效应研究 [J]．辽宁师范大学学报（自然科学版），2016（3）．

[123] 赵锡军，郭宁．国际金融业综合经营的历史演变及中国的选择 [J]．中国金融，2007（8）．

[124] 赵锡军．美国银行业：一个世纪的变迁 [J]．经济导刊，2001（2）．

[125] 赵锡军．综合经营还是混业经营——关于中国未来金融发展模式的思考 [J]．河南金融管理干部学院学报，2006（4）．

[126] 郑超．我国商业银行投贷联动的运作模式及发展策略 [J]．南方金融，2016（6）．

[127] 中国银行伦敦分行．现代金融混业监管的最新模式——英国的金融监管实行重大改革 [J]．国际金融研究，2002（1）．

[128] 中国工商银行城市金融研究所课题组．商业银行综合经营战略与路径研究 [J]．金融论坛，2009（6）．

[129] 仲继银．德意志银行的多元转型 [J]．董事会，2011（4）．

[130] 周琛．我国金融控股公司整体经营风险的模型回归分析研究 [J]．现代管理科学，2011（3）．

[131] 周闯洋．纽约梅隆银行商业模式对我国银行转型的启示 [J]．管理现代化，2012（3）．

［132］周静洁. 江南农商行：ABS "试" 与 "悟" ［J］. 中国农村金融, 2014（24）.

［133］朱怡. 美国银行的早期发展史初探 ［D］. 上海：华东政法大学, 2007.

［134］邹克, 蔡晓春. 商业银行效率、综合化经营与差异化战略 ［J］. 财务与金融, 2017（1）.

［135］高小真, 蒋星辉. 英国金融 "大爆炸" 与伦敦城的复兴 ［N］. 上海证券报, 2007 - 02 - 08（A09）.

［136］梁琰. 国内外 FICC 业务的发展状况 ［N］. 期货日报, 2015 - 09 - 29（3）.

［137］王俊丹. 浦发银行副行长谢伟：综合化经营是银行战略转型推进器 ［N］. 21 世纪经济报道, 2016 - 12 - 01（10）.

［138］打好防范化解重大金融风险攻坚战（权威访谈）——专访银监会主席郭树清 ［N］. 人民日报, 2018 - 01 - 17（2）.

［139］胡建忠. 资管新规过渡期商业银行应该做什么 ［N］. 中国城乡金融报, 2018 - 06 - 07（A7）.

［140］Filip C. J. Reinholdson and Henrik S. Olsson. The Separation of Commercial and Investment Banking：A Literature Review" ［D］. Gothenburg：University of Gothenburg, 2012.

［141］William K. Templeton, Jacobus T. Severiens. The Effect of Nonbank Diversification on Bank Holding Company risk ［J］. *Quarterly Journal of Business and Economics*, 1992（4）.

［142］Moshe Buchinsky and Ben Polak. The Emergence of a National Capital Market in England, 1710 - 1880 ［J］. *The Journal of Economic History*, 1993, 53（1）.

［143］Manju Puri. Commercial banks in investment banking Conflict or interest or certification role? ［J］. *Journal of Financial Economics*, 1996（40）.

［144］Victoria Chick. Some Reflections on Financial Fragility in Banking and Finance ［J］. *Journal of Economic Issues*, 1997.

［145］Rudi Vander Vennet. Cost and profit dynamics in financial conglomerates and universal banks in Europe ［D］. Ghent：University of Ghent, 2000.

［146］Fan Liao. Regulation of Financial Conglomerates in China：From De

Facto to De Jure [J]. *European Business Organization Law Review*, 2011 (12).

[147] Matthias Lehmann. Volcker Rule, Ring – Fencing or Separation of Bank Activities: Comparison of Structural Reform Acts Around the World [J]. *Journal of Banking Regulation*, 2016.

[148] I. Hardie and H. Macartney. Too big to separate? EU ring – fencing and the defense of too big to fail banks [J]. *West European Politics*, 2016.

后 记

　　银行综合经营与分业经营很难讲谁是最佳选择，它包含了宏观层面的金融资源配置和微观层面的经营策略，任何取舍都是监管机构结合本国实际做出的选择，体现了风险与效率的平衡。分业经营体现了国家出于金融安全的考虑而采取的强制性要求，综合经营则是银行因生存与竞争的目的而去突破原有的限制。分业经营体现了安全考量，综合经营则是竞争的产物。虽然当前我国金融业仍在坚持分业经营、分业监管，但我们相信按照事物发展的客观规律和发达国家金融业的发展历程，随着经济社会的发展、监管能力的提升、企业与个人客户需求的变化，银行业金融机构的经营模式一定会做出适度调整。卡普兰和诺顿在《平衡计分卡——化战略为行动》一书中提到，信息技术对服务业的冲击比制造业更甚。随着信息时代的到来，很多情况都会发生变化。除了投资和管理有形资产的能力以外，管理无形资产的能力将更加重要，包括发展客户关系、创新金融产品、提供高质量定制化服务。对中型商业银行来讲，我们认为固守传统的存贷汇业务一定不是未来的发展出路，这些业务不但在银行业内竞争过于激烈，而且随着移动互联网时代的到来，以及伴随着我国金融业的进一步对外开放，会有越来越多的竞争者加入，企业利润空间会被大幅压缩。

　　中型商业银行在传统业务的基础上，必须要扩展业务范围，塑造自身业务特色和竞争优势，但在这一过程中也不能盲目地大干快上，一味追求全牌照，激进地多元化开展业务，而是应该结合自身优势和所处市场的特点，有选择性地开展综合经营，形成"一主多业、综合经营"的发展格局。此外，也要加强与其他金融机构的合作，通过合资、联盟等形式扩大业务范围。在具体实施方面，我们建议中型商业银行结合内外部环境，有针对性地选择综合经营道路：那些综合经营开展得比较好的中型商业银行可以继续通过并购、新设等手段进一步丰富业务范围，积极涉足证券、保险、信托等业务，力争打造综合化的银行控股集团；难以通过自身努力实现综合经营的中型商业银行，可以借助地方政府的力量，加入地方金融控股集团，实现借力发展；一些尚不具备设立银行控股集团条件或者无意加入金融控股平台的中型商业银行，可以通过打造特色业务来开展综合经营；刚刚进入中型商业银行行列的银行，最好还是采取循序渐进的发展策略，夯实基础，同时稳步开展综合化尝试。商业银行在迈向综合经营的过程中，还应重点关注综合经营的风险管理，以及适应监管体制改革和政策变化两大关键问题，以趋利避害、稳健合规经营，走上健康良性发展之路。

最近一段时间，随着我国金融监管及金融业改革开放的步伐加快，以及防范化解系统性金融风险力度的不断加大，中型商业银行经营的不确定性增强，希望本文的分析与建议能够为我国中型商业银行的发展提供些许参考。最后，感谢我的家人、老师、单位领导和同事，大家对我的理解与支持是我不断前行的动力。时代在快速发展，中型商业银行转型升级任重道远，仅以自己的研究心得献给那些在这条道路上不断探索的同仁。

由于条件和能力所限，本文难免有不当之处，恳请批评指正。